Eckart Warnecke

# Praxisbuch des *Magischen* Wohnens

Gesund leben in gesunden Räumen

VERLAG PETER ERD MÜNCHEN

Die in diesem Buch aufgeführten Ratschläge wurden von Autor und Verlag sorgfältig geprüft. Eine Garantie oder Haftung kann jedoch nicht übernommen werden.

1. Auflage 1998
Umschlaggestaltung: Friederike Lutz, Ursula Klocker
Umschlagfotos: Kerstin Jordan
Illustrationen: Anja Neunast, Uelzen. Vermittlung über: Sekretariat Institut für ganzheitliches Bauen und Wohnen, Telefon: 05 81/3 89 63 78; Fax: 05 81/7 79 94
Magieentwürfe: Kerstin Jordan, Hamburg. Vermittlung über: Sekretariat Institut für ganzheitliches Bauen und Wohnen, Telefon: 05 81/3 89 63 78; Fax: 05 81/7 79 94
Lektorat, Satz, Gestaltung: Ursula Klocker
Redaktion: Heike Drechsler
Copyright © Verlag Peter Erd, München 1998

ISBN 3-8138-0490-9

# Inhalt

# Danksagung

Ich danke den geistigen Wesenheiten sowie all denen, die mich in meinem Leben entweder als meine Lehrer oder aber als meine Schüler angeregt und inspiriert haben.

Besonderer Dank gilt Isolde Altendorf für ein sehr treffendes Lektorat, Anja Neunast für ihre Illustrationen und einfühlsame Begleitung, Kerstin Jordan für ihre künstlerische Magie, den Feng-Shui-Lehrern Dr. Yes Lim und Manfred de Vries sowie meinem Reiki-Lehrer Jay Arjan Falk für ihre Anregungen sowie meiner Frau Gabri für ihre gutgemeinte Kritik und meinen Kindern Wabun, Jaari, Yeshe und Guendy für ihre unbeabsichtigten Störungen, die mir immer wieder halfen, abzuschalten und neue Ideen zu entwickeln.

# Einleitung

*Zuerst geben wir unseren Häusern
eine Form, später dann formen sie uns.*
Sir Winston Churchill

Zwischen Leben und Wohnen besteht eine intensive Wechselbeziehung. Wir planen und gestalten unsere Häuser und Wohnungen, gleichzeitig werden wir von ihnen beeinflußt und geformt.

Fachleute schätzen, daß etwa 70 Prozent aller Erkrankungen, die sich trotz diverser Therapieversuche mittelfristig nicht beheben lassen, durch die Einflüsse im Kontext der eigenen Wohnung ausgelöst werden. Dabei ist es unerheblich, ob diese durch bauliche, biologische, energetische, feinstoffliche Faktoren oder auch durch Spannungen und Böswilligkeiten aus dem Umfeld des Wohnortes bedingt sind.

Ähnlich wie bei uns Menschen lassen sich auch an Gebäuden und Räumen ganz charakteristische Merkmale feststellen. Die einen wirken ehrlich-verspielt, andere trügerisch, manche sind gutaussehend und zur Umgebung passend, andere unansehnlich und eben fehl am Platze, große Teile sind gut in Schuß, einige jedoch auch in einer erbärmlichen Verfassung. Immer zeigen Gebäude und Häuser etwas von sich, sagen aber gleichzeitig auch etwas über ihre Besitzer und Bewohner aus. Das heißt, sie sind sozusagen ein Spiegelbild von uns, in dem sich unser eigenes Wesen, unsere eigene Magie widerspiegelt.

Daß dieser Umstand nicht nur auf die heutige Zeit zutrifft, sondern bereits uralt ist, verdeutlicht das Beispiel Ägypten. Obwohl uns viele Zeugnisse altägyptischer Kultur erhalten geblieben sind, ist darunter kaum ein Beispiel einer privaten Behausung zu finden. Zufall? – Sicherlich nicht; denn die alten Ägypter bauten ihre Unterkünfte bewußt aus vergänglichem Material, da für sie das diesseitige Leben von nachrangiger Bedeutung war. Wichtig für sie war vielmehr das Leben nach dem Tode. Aus diesem Grund errichteten sie für ihre Toten Behausungen aus Stein, von denen uns die bekanntesten in Form der Pyramiden selbst nach Tausenden von Jahren noch erhalten sind.

Oder nehmen wir die Philosophie der nordamerikanischen Indianer. Ihnen lag das Wohl von ‚Mutter Erde‘ besonders am Herzen. Anstatt das Land zu kultivieren und zu nutzen, was auch bedeutet hätte, seßhaft zu werden, lebten große Teile von ihnen in Zelten, die aufgrund ihrer Form sowohl das aufstrebend-männliche wie das mütterlich-runde Prinzip symbolisierten. Diese Indianer mußten immer bereit sein weiterzuziehen, wenn es die Jahreszeiten und die wandernden Bisonherden erforderten. Anpassung und Flexibilität waren oberstes Überlebensgebot. Ganz im Gegensatz zu uns, die wir unsere Häuser heutzutage fast für die menschliche Ewigkeit bauen, wobei uns dieses mit unserer fehlenden Flexibilität konfrontiert.

Gesetzt den Fall, Sie haben vor, Ihre Wohnung in einen Ort voll positiver Ausstrahlung und Harmonie zu verwandeln, in einen Ort, der Ihrer Persönlichkeit entspricht und der es Ihnen leicht macht, Ihre eigene Mitte zu finden, so bietet Ihnen das vorliegende Buch einen idealen Leitfaden dazu an. Hierin erhalten Sie in kurzer und verständlicher Form eine Einführung in die vielfältigen Möglichkeiten an feinstofflicher geistiger Arbeit unter der Zielsetzung des magischen Wohnens. So erfahren Sie beispielsweise etwas über die Kraft verschiedener Haus- und Schutzsymbole, über Rituale sowie über den Einfluß von Kräutern, Farben, Düften und Mineralien in bezug auf gesundes Wohnen. Des weiteren finden Sie eine Reihe von praktischen Anregungen zur ‚Heilung‘ und Stimulierung von Wohnräumen oder erfahren, wie sich Räume energetisch reinigen und vor negativen Wesenheiten schützen lassen.

Wenn hier nun vom Konzept des ‚magischen Wohnens‘ gesprochen wird, so verstehe ich darunter die Vielzahl an Kräften und geistigen Möglichkeiten, die in uns schlummern und nur geweckt zu werden brauchen. Das sind Aspekte, die der normale Baustatiker, Ingenieur, Arzt oder Architekt aufgrund seiner Ausbildung natürlich nur selten oder gar nicht in seine Überlegungen mit einbeziehen würde. Oder anders ausgedrückt: Unter Magie möchte ich all das zusammengefaßt wissen, was von der uns bekannten Realität wegführt und dabei dennoch eine Wirkung besitzt. Dabei ist für mich Magie nichts Negatives, sondern etwas, was uns anregen, leiten und letztlich auch verzaubern kann.

Das vor Ihnen liegende Buch soll Ihnen Lust und auch Mut machen, sich an eine Thematik heranzutasten, die wir eigentlich viel zu lange außer acht gelassen haben. Und das nicht etwa, weil wir sie nicht für sinnvoll hielten, sondern deshalb, weil uns das Wissen um diese Dinge ganz einfach fehlte. Häuser und Wohnungen sind so etwas wie der Spiegel unserer Seele, in dem wir erkennen können, wer wir selbst sind. Mein Ziel ist es, Ihnen dabei zu helfen, aus Ihrem Zuhause etwas ganz Besonderes zu machen und hierbei gleichzeitig Ihre eigene Entwicklung zu fördern. Ich bin mir sicher, daß Ihnen das praktische Ausprobieren und Anwenden der im Buch empfohlenen Techniken schon bald ein völlig neues Wohnverständnis, inklusive einer Zunahme an Gesundheit und ganzheitlicher Lebensqualität, vermitteln wird.

*Wo Wohnen und Bauen zur eigenen Ganzwerdung und*
*Heilung der Erde dienen, entstehen Orte heilender Kraft.*
Harald Jordan (Ingenieur und Autor)

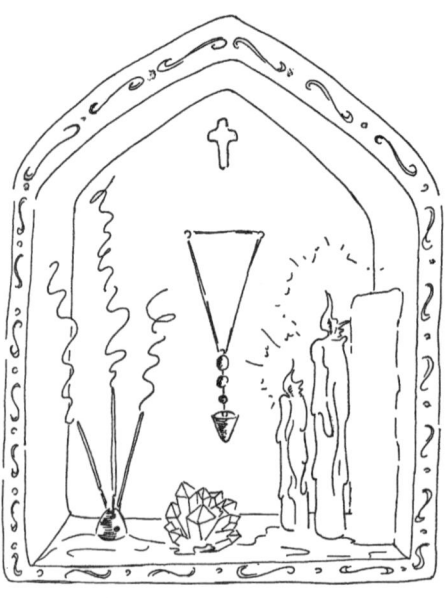

*Der Wohnraumaltar als Ort der Kraft*

# Magie durchzieht
# unser Leben

*Magie kann wie eine unwiderstehliche Einladung sein.*
*Sie sollte uns und andere zu einer positiven Rolle im Leben verhelfen,*
*nicht dazu zwingen.*
Titania Hardie, 1996

Um gleich vorab ein oft vorgebrachtes Argument zu entkräften – so wie ich in diesem Buch das Wesen der Magie verstanden wissen möchte, handelt es sich dabei nicht um Praktiken der Schwarzen Magie aus dem dunklen Mittelalter. Vielmehr geht es dabei um die gezielte Nutzung von Prinzipien, zu denen jeder von uns Zugang besitzt. Um Praktiken, die sich erstrangig um die mental-psychologische Ebene drehen sollen, daneben jedoch auch esoterisches Wissen um die Macht der Gedanken, die Kraft der Naturelemente sowie die Bedeutung von Ritualen und Symbolen miteinbeziehen.

Magie ist im Grunde genommen gar nicht so weit von uns entfernt, wie wir gemeinhin annehmen mögen. Ganz im Gegenteil – Tag für Tag wenden wir etliche Male Prinzipien der Magie an. Oder wir werden hiermit durch andere beeinflußt, ohne uns dieses Umstands überhaupt bewußt zu sein. Hierzu ein Beispiel: Eine Lehrerin berichtete vor einiger Zeit, sie habe im Verlauf eines Ausflugs gemerkt, wie die mitgereisten Schüler immer aufgedrehter und unlenkbarer wurden. Irgendwann sei ihr dann die Idee gekommen, sie loszuschicken und Dinge aus der Natur sammeln zu lassen, die ihnen besonders ins Auge stachen. Später habe sie die Schüler dann angeregt, die gesammelten Utensilien zu einem großen Bild auf der Erde auszulegen.

Bedingt durch ihre Sozialisation und Ausbildung, sprach die Lehrerin später über diese Maßnahme als ‚Erlebnispädagogik‘, doch beruhte das, was hier letztlich zum Wirken kam, bereits von der Essenz her auf einfacher Magie. Der Vorgang half nämlich dabei, Aufregung, Aggressivität, Unruhe und Destruktivität der Schüler zu »bannen«, indem er ihre Konzentration auf ein positives gemeinsames Erleben in Form eines Naturmandalas lenkte.

Ein grundlegendes Wesensmerkmal von Magie besteht darin, immer in zweierlei Richtung stattzufinden. Einmal ist es ihr Einsatz als Technik, um, wie am Beispiel der Lehrerin gesehen, Entwicklungsverläufe oder Erfahrungswelten im eigenen Sinne positiv zu lenken, ein anderes Mal, indem sie auf Menschen, Tiere oder Situationen einwirkt und diese dadurch beeinflußt. Wenn wir uns nun dieses Prinzip einmal etwas genauer vor Augen halten, dürfte rasch deutlich werden, daß wir jederzeit EmpfängerInnen für Botschaften und Manipulationen sind. Anders herum können wir uns jedoch auch für Aktivwerden und Handeln entscheiden. So durchzieht Magie letztlich alle Ebenen des Lebens – angefangen bei ganz normalen Alltagsabläufen und im Extremfall endend bei den Riten und Bräuchen der Ureinwohner oder Glaubensgemeinschaften, die dabei Kräfte wecken, von denen wir uns möglicherweise gar keine Vorstellung machen. Haben wir diesen Umstand erst einmal verinnerlicht, so können wir einerseits magische Einflüsse, denen wir an sich fortwährend ausgesetzt sind, besser erkennen und abwehren, andererseits die Prinzipien – zum Beispiel im Kontext des magischen Wohnens – für uns auch positiv nutzen.

Lassen Sie mich Ihnen jetzt einige Beispiele und Übungen aus dem Alltagsleben vorstellen, um Ihnen die Nähe unseres Denkens und Handelns zu Magie und Aberglauben zu verdeutlichen. Sicherlich werden Ihnen einige dieser Gepflogenheiten geläufig sein. Ob Ihnen jedoch auch bekannt ist, welcher Bewußtseinsstruktur diese ursprünglich entstammten, wage ich aber zu bezweifeln:

Ein ganz einfaches Thema, das sicherlich jeder von Ihnen kennen wird, ist die Interpretation von Ohrgeräuschen. Pfeift oder tönt es beispielsweise im rechten Ohr, so spricht der Volksmund davon, jemand anderes würde über den Betroffenen schlecht reden. Geräusche im linken Ohr werden statt dessen als positiv gewertet. Ergänzend zu diesem Körperorgan sei noch der berühmte »kleine Mann im Ohr« erwähnt, der regelmäßig herangezogen wird, um sich das Phänomen einer Vorahnung oder einer irgendwie empfangenen Botschaft erklären zu können. Zurückzuführen ist diese Haltung auf ein Denken, das auf äußerst bildhafter Ebene erfolgte.

Nehmen wir ein anderes Beispiel. Für viele Menschen bedeutet es Unglück, unter einer Leiter, die irgendwo angelehnt ist, hindurchzugehen. Das scheint natürlich auf den ersten Blick vernünftig. Es könnten ja von oben beispielsweise Gegenstände von Handwerkern herunterfallen, doch

**12**

reicht der Ursprung dieses Denkens bis in die vorchristliche Zeit zurück. Hier stand ein Dreieck für die heilige Dreifaltigkeit. Eine Leiter, die an einer Wand lehnte, bildete nun mit etwas Phantasie eine Art von Dreieck. Durch die Fläche eines Dreieckes hindurchzugehen wäre jedoch gleichzusetzen gewesen mit einer unheiligen Handlung, da sie so etwas wie die Verletzung eines geheiligten Raumes darstellte. Im antiken Glauben nahm man jedoch an, daß eine derart unheilige Handlung immer etwas Negatives nach sich ziehen würde. Zum Beispiel, daß dies die Kraft des Dreieckes oder dessen, was es symbolisierte, aufheben und schlimmstenfalls die Mächte des Bösen gegen einen selbst gelenkt werden könnten.

Ängste und Aberglauben hängen seit ewigen Zeiten eng zusammen. Das beweist auch das folgende Beispiel, in dem es darum geht, »auf Holz zu klopfen«. Dieser Vorgang bezieht sich dabei auf eine Situation, in der es jemandem gutgeht, dieser aber Angst hat, sich und anderen dieses einzugestehen, weil er befürchtet, irgendeine neidische Macht, egal ob eingebildet oder wirklich, könnte versuchen, ihm das Glück streitig zu machen. Eine mögliche Erklärung führt in Gegenden und Zeiten, in denen Menschen überwiegend in dünnwandigen Häusern lebten. Jene, denen es zur Zeit gutging, fürchteten sich, davon zu reden, um zu verhindern, daß böse oder Geister oder auch Nachbarn ihnen ihr Glück neideten und versuchen könnten, dieses zu stören. Deshalb klopften die Menschen, wenn sie von ihrem Glück sprachen, laut an die hölzernen Wände. Dies in der Annahme, das Geräusch werde die Unterhaltung übertönen und es hierdurch möglichen negativ eingestellten Lauschern unmöglich machen, von außerhalb der Wohnung etwas zu verstehen. Auf diese Weise schützte man sich also einerseits akustisch gegen das Mithören und beschwichtigte gleichzeitig Geist und böse Vorahnungen. (Heute würde man im übrigen statt ‚Vorahnungen' den modernen Begriff ‚narzißtische Ängste' verwenden.)

> **Übung: Die Entdeckung der eigenen magischen Anteile**
>
> Überlegen Sie einmal, wo und wann Sie überall in Ihrem Alltag oftmals unbeabsichtigt Magie anwenden. Einige Hinweise zu magischen Verständnisweisen habe ich bereits anklingen lassen. Sollte Ihnen dennoch das Aufdecken eigener magischer Spielarten schwerfallen, so gebe ich Ihnen hier ein paar weitere Stichworte zur Anregung:

Reagieren Sie beispielsweise auf ein vierblättriges Kleeblatt positiv und sehen darin die Vorankündigung einer guten Zukunft, während Sie befürchten, ein zerbrochener Spiegel würde sieben Jahre Pech bedeuten, da dies den darin wohnenden Geist erzürnt? Oder noch schlimmer: Sehen Sie im Zerbrechen eines Spiegels eine ‚zerbrochene Seele' – etwa gleichzusetzen mit Tod? Bedeutet für Sie die 13 eine Unglückszahl, achten Sie darauf, nie mit dem falschen, dem linken Bein morgens zuerst aufzustehen, bedeutet Stolpern für Sie die Offenbarung böser Geister, die Ihnen die Vollendung einer Sache unmöglich machen wollen, oder interpretieren Sie das Auftauchen einer schwarzen Katze als Glück, wie in Ägypten, oder als Pech und Hexennähe, wie dies im Europa des Mittelalters geschah? Haben Sie beim Entdecken einer Sternschnuppe einen Wunsch frei, der auch in Erfüllung gehen wird, wenn Sie nur fest genug daran glauben und keinem Menschen diesen Wunsch verraten ...?

Bestimmt werden Sie jetzt schon eine Reihe von Parallelen zu sich gefunden haben, und sicherlich werden sich auch noch weitere Beispiele aus Ihrem Leben finden lassen. Schreiben Sie alles, was Ihnen diesbezüglich noch dazu einfällt, auf einen Zettel. Diese kleine Übung wird Ihnen schon eine ganze Menge über Ihre tieferliegenden Schichten und Denkmuster verraten. Und auch darüber, wie empfänglich Sie möglicherweise für die Magie anderer Menschen sind und welche Gepflogenheiten Sie oft unbewußt benutzen, um sich vor negativen Energien zu schützen.

Betrachten wir nun die Entstehungsgeschichte zweier weiterer Gepflogenheiten des Alltags: Gilt heutzutage das Niesen nur noch als Symptom einer Erkältung, so war es bei den alten Griechen und Römern gefürchtet. Man sah darin ein eindeutig böses Omen. Die Juden der Frühzeit hingegen glaubten, wenn jemand niese, sei er dem Tode nahe. Diese Befürchtung beruhte auf der Annahme, daß die Seele eines Menschen mit dem Atem identisch sei. Wenn nun aber Luft die Substanz der Seele war und so viel Luft plötzlich den Körper verließ, war es dann nicht verständlich, daß die Menschen fürchteten, dadurch sterben zu können? Somit erklärt sich auch zu einem Teil der Brauch, die Hand beim Niesen vor den Mund zu nehmen oder Niesen gar völlig zu unterdrücken. Man wollte ganz einfach verhindern, seine Seele auszupusten.

Ganz ähnlich wie die bisher beschriebenen Beispiele ist auch das Tragen von Amuletten auf magisch-heidnische Wurzeln zurückzuführen. Amulette waren kleinere Gegenstände, die von abergläubischen Menschen am Körper getragen wurden, um Schutzmittel gegen Verzauberung, Krankheit oder anderes Ungemach zu sein. Schon die Ägypter trugen vor Tausenden von Jahren Amulette, denen sie die Form von Zylindern, Götter- oder Dämonenbildern oder heiligen Tieren, wie dem bekannten Skarabäus, gaben. Letzterer war zwar eigentlich nur ein großer Mistkäfer, doch wurde er als dasjenige Tier verehrt, das gemäß dem Sonnengott eine große Sonnenkugel vor sich herrollte.

Auch die Juden kannten Edelsteine und metallene Plättchen als Amulette, die sie mit magischen Formeln versahen. Die Römer verwendeten dagegen Armbänder und Diademe, wobei neben Metallen noch schwarze Korallen als Schutz- und Glückszeichen hinzukamen. Allerdings begann die Kirche schon etwa ab dem vierten Jahrhundert damit, das Tragen von Amuletten unter Verbot zu stellen, da diese als sogenannte »Fesseln für die Seele« angesehen wurden. Im Jahr 721 ging Papst Gregor II. noch einen Schritt weiter, indem er forderte, diejenigen aus der Kirche auszuschließen, die weiterhin Amulette tragen würden. (Was tatsächlich dahinterstand, wird später noch zu beleuchten sein.)

### Übung: Die Wurzeln Ihrer persönlichen magischen Ader

Fragen Sie sich an dieser Stelle nun einmal, von wem Ihnen bestimmte Denk- und Verfahrensweisen beigebracht wurden. Vielleicht war es Ihr Vater, der aus der Häufigkeit des Niesens Glück oder Pech für die nahe Zukunft herauslas, vielleicht eine Tante, die Sie mit irgendwelchen Ahnungen oder Warnungen infizierte, oder ein Bekannter, der an öffentlichen Plätzen immer nur mit dem Rücken zu einer Wand sitzen wollte.

Durch wen wurden derartige Denkweisen bei Ihnen geprägt? Von wem übernahmen Sie die verschiedenen Verfahrensweisen, die Sie in der vorangehenden Übung festgestellt haben? Wie tief sitzt welches Denken und. welcher Brauch in Ihnen? Was könnten Sie ohne Probleme loslassen, und wo sind Sie in Ihren magischen Gepflogenheiten gefangen?

Wenn Sie sich eine Weile intensiv mit diesen Fragen beschäftigen und später darüber meditieren, so werden Sie auf diese Weise nicht nur etwas über Ihre magischen Verstrickungen, sondern auch etwas über deren Wurzeln und Biographien erfahren.

Geschickt eingesetzt wirkt Magie wie Zauberei. Nur sie ist kein Zauber. Betrachten wir einmal die Fähigkeiten eines Magiers wie David Copperfield, der auf der Bühne Tausende von Zuschauern in seinen Bann zieht und dabei irgendwelche Kunststücke vollbringt. Wir haben das Gefühl, er besäße übernatürliche Kräfte. Und doch sind es alles nur ganz bestimmte, fein ausgetüftelte Verfahrensweisen und Tricks, die bei den Anwesenden die beabsichtigte Wirkung erzielen.

Oder nehmen wir aus dem Bereich des Wohnens jemanden, der gemäß einer chinesischen Tradition an seiner Haustür spiegelndes Glas anbringt, um aufprallende negative Energien wieder zurückzuwerfen. Den Nachbarn wird die Intention des Hausbewohners vermutlich verborgen bleiben, so daß der Spiegel seine Aufgabe tatsächlich auch erfüllen wird.

Magie ist demnach, wie gesehen, etwas, das zwar mit Verstand eingesetzt und weitestgehend über den Geist in Umlauf gebracht wird, jedoch dabei unsere Ratio übersteigt. Empfänglich für Einflüsse durch andere sind wir hingegen über den Bauch. Allerdings nur deshalb, weil wir uns des Wirkens magischer Phänomene nur selten bewußt sind. Werbung, kirchliche Botschaften und Rituale oder auch die böswilligen, aggressiven Gedanken anderer Menschen sind Einflüsse, die wirken, ohne daß wir dies wollen oder bemerken. Andererseits ist Magie jedoch auch etwas, was sich wunderbar einsetzen läßt, um gewollte Effekte oder Wirkungen auszulösen.

Schon wenn wir jemandem etwas Gutes auf seinem Weg wünschen, üben wir einen quasi magischen Einfluß aus. Das glauben Sie nicht? Dann denken Sie doch nur einmal daran, wie Sie sich beflügelt an eine Sache heranwagen, wenn jemand Ihnen Mut und Vertrauen zuspricht. Oder aber auch mal in umgekehrter Richtung, wenn jemand Ihnen schlecht gesonnen ist und Ihnen weh tun will. Sämtliche Formen des ‚Mobbings‘, ein Verhalten das heutzutage sehr oft in Betrieben und Büros vorkommt und bei dem einzelne durch den Rest der Mitarbeiter gezielt geschnitten oder angeschwärzt werden, lassen schon Grundstrukturen von Magie erkennen – in so einem Fall allerdings in negativer Form eingesetzt.

Haß, Verwünschungen und Intrigen zeigen immer die Nähe zu Schwarzer Magie, selbst wenn die Betroffenen davon überhaupt nichts hören wollen. Heilende Hinwendung und Nächstenliebe offenbaren hingegen die Nähe zur Weißen Magie. Und hierin liegen gute Chancen für den Bereich des Wohnens. Den Weg des Lichts wird aber nur der wirklich beschreiten können, der auch seine Schattenseiten und Ängste kennengelernt hat. Da letztlich die Wohnung immer nur ein Spiegelbild unserer Seele darstellt, kommt es darauf an, sich selbst zu erkennen und zu ‚läutern‘.

### Übung: Das Kennenlernen der ‚anderen Welt‘

Gehen Sie doch einmal bei einsetzender Dämmerung in einen Wald. Suchen Sie sich einen Platz zum Hinsetzen und schauen Sie von dort aus einfach in den Wald hinein. Lauschen Sie in die Stille ...
Alles ist ganz ruhig, und Sie sind allein. Was für ein Gefühl beschleicht Sie? (Bei manchen von Ihnen kann in einer solchen Situation ein Gefühl von Unbehagen geweckt werden, bei anderen hingegen das Gefühl, mit der Einheit und Geborgenheit der Landschaft zu verschmelzen.) Je nachdem, wie Sie diese Übung erleben, erhalten Sie einen ersten Einblick in die tieferen Schichten Ihrer Seele.
Nach einer Weile werden Sie spüren, daß Sie irgendwie doch nicht ganz allein sind, daß es noch eine zweite Realität neben Ihnen gibt. Der Wald steht im übertragenen Sinne für unser Unterbewußtsein und für unsere verborgenen Anteile. (Die gleiche Übung sollten Sie ein anderes Mal ganz früh am Morgen, bevor es richtig hell ist, durchführen. Sie werden ganz andere Energien und Empfindungen dabei spüren.)

Auch anhand von Begrifflichkeiten lassen sich die magischen Wurzeln in unserem Denken mit ein wenig Gespür recht gut erkennen, beispielsweise, wenn es um den visuellen Bereich geht. So zieht der sogenannte »Blickfang« an Geschäften oder Häusern unsere Konzentration auf sich. An anderer

Stelle sprechen wir davon, »etwas sprang mir sofort ins Auge«, womit in den meisten Fällen Gegenstände, Dekorationen, Kleidungsstücke oder Symbole gemeint sind, die bewußt so ausgewählt oder aufgestellt wurden, um die Aufmerksamkeit, oder wie es der Chinese sagen würde, das Ch'i, gezielt auf sich zu lenken. Hierzu ein Beispiel:

*Der Besitzer eines Reihenhauses fühlte sich jahrelang in seiner Haut unwohl, da er von den Nachbarn ständig aufs neue wegen seiner kleinen Statur belächelt wurde. Hinzu kam, daß gerade sein Reihenhaus etwas weiter zurück lag als die angrenzenden, was seine Stellung noch mehr verschlechterte. Er mied die Blicke der anderen Anwohner, fühlte sich minderwertig und traute sich zeitweise kaum noch aus dem Haus. Als der Mann bereits daran dachte, lieber auszuziehen, als unter einer derartigen Belastung weiterhin wohnen zu bleiben, gab ihm ein Geomantiker den Tip, er solle seinen Vorgarten so umgestalten, daß er sich dort »größer« fühle. Nach einigen Wochen der Überlegungen ließ der Mann von einer Firma den Gartenweg auf halber Länge um 10 bis 20 Zentimeter höherlegen, so daß er jetzt, von der Seite her betrachtet, größer wirkte, wenn er darauf entlangging. Außerdem ließ der Mann mitten auf dem Rasen eine große, extravagante Gartenleuchte anbringen, die jedem Vorbeigehenden sofort ‚ins Auge sprang‘.*

*Nach und nach spürte er, wie sich die Haltung der Nachbarn ihm gegenüber änderte. Indem er jetzt objektiv größer wirkte, fühlte er sich auch innerlich größer, was sich allmählich auch auf seine Ausstrahlung übertrug. Zusätzlich gab die Lampe seinem Garten etwas Besonderes. Die Blicke der Passanten und Nachbarn wurden immer wieder wie magisch angezogen, und mit vermehrter Aufmerksamkeit floß auch mehr Ch'i-Energie in das Grundstück hinein und machte es ‚lebendiger‘.*

An diesem Beispiel wird deutlich, daß das Alltagsmagische nicht darin bestand, den Garten lediglich umzugestalten, sondern darin, ausgehend von einer gezielten Intention dafür zu sorgen, den anderen größer als in Wirklichkeit zu erscheinen. Hinzu kam die Gartenlampe, die mehr Ch'i in das Grundstück lenkte und bei Dunkelheit nicht nur den Garten erhellte, sondern auch die angrenzenden Gärten ‚überstrahlte‘, so daß diese teilweise unter der neuen Lichtkraft ‚litten‘ und ein wenig in ihrer Wirkung abgeschwächt wurden. Hierin sah der Mann jetzt die gerechte Strafe dafür, daß die anderen ihn früher herablassend behandelt hatten. (Nichts anderes passiert im übrigen in der Verkaufsbranche, wo ganz viel mit der Magie der Lichter gearbeitet wird, um beispielsweise mögliche Käufer von anderen Geschäften weg- und zu sich selbst hinzulenken.)

Häuser können, allein wenn wir sie betrachten, einen magischen Effekt auf uns übertragen. Nehmen wir hierfür nur einmal ein Geschäftshoch-haus, das sich himmelhoch vor uns aufrichtet und dessen Spitze wir wegen seiner Höhe kaum noch erkennen können, und stellen diesem ein gemütlich wirkendes Häuschen mit Butzenfenstern und Reetdach gegenüber.

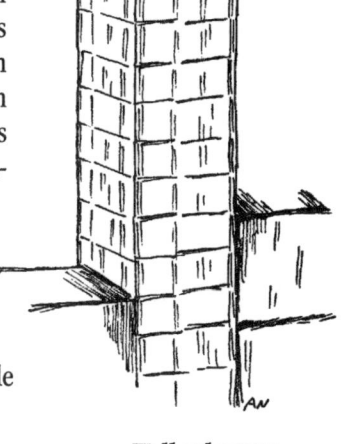

Betrachten Sie erst einmal das Bild des Hochhauses für eine Weile. Dann schließen Sie Ihre Augen und imaginieren es noch für ein paar Minuten in Ihrer Phantasie. Spüren Sie dabei, welche Gedanken, Assoziationen und Gefühle in Ihnen ausgelöst werden ...

Nun verfahren Sie mit dem anderen Bild ebenso ...

*Wolkenkratzer*

*Reetdachhäuschen mit Butzenfenstern*

**19**

Vergleichen Sie im Anschluß daran die Magie beider Eindrücke miteinander. Vielleicht wird Ihnen hier bereits der Yin- und -Yang-Aspekt, der sich durch alle Elemente des Universums hindurchzieht, deutlich; die weiblichen und männlichen Energien, die das Leben zwar erzeugen und in Gang halten, jedoch auch für Polarität und Gegensätzlichkeit stehen.

Das, was bei der Betrachtung der unterschiedlichen Hausformen passierte und in uns angesprochen wurde, ist als Phänomen der Resonanz bekannt. Hierbei wird etwas in uns in Schwingung gesetzt, das heißt angerührt. Aber nicht, weil es gezielt in uns hineingezirkelt wurde, sondern weil wir aufgrund unserer Bewußtseinsstruktur dafür empfänglich waren. Denn schließlich können in uns nur diejenigen Anteile, die ohnehin da sind, auch aktiviert werden. Oder anders ausgedrückt: Vieles von dem, was wir tun oder was durch andere in uns ausgelöst wird, kann nur deshalb etwas bewirken, weil es bereits unbemerkt in uns steckt. Nur sind wir uns der eingesetzten und damit wirkenden Mechanismen nicht bewußt.

Gutgemeinte Gedanken anderer können, ähnlich wie unterschwellige Botschaften oder auch stille Verwünschungen, nur deshalb etwas in uns auslösen, weil wir uns dieser Einflüsse nicht unmittelbar und dauerhaft bewußt sind. Aus diesem Grunde erachten wir es auch meistens gar nicht für notwendig, uns vor ihnen zu schützen.

Ein eindringliches Beispiel für die Macht unterschwelliger Beeinflussung ist die Werbung. Diese sucht nicht mehr den Weg über Argumente, sondern zielt weitestgehend auf unsere magische Empfänglichkeit. Denn mit einer rein verstandesmäßigen Aufklärung ist heutzutage kaum noch ein Verbraucher zu Käufen zu veranlassen, die er eigentlich gar nicht hätte tätigen wollen.

Die Magie des Wortes wird von Politikern, die Magie der Farben von Raumausstattern und Farbberatern genutzt. Sämtliche große Kinoproduktionen basieren auf Magie. Sie gaukeln uns Häuser, Landschaften oder Figuren vor, die es in der Regel gar nicht real gibt, untermalen das Ganze mit geschickter Musik und verpacken es in eine Handlung, die in uns etwas anregt. Und das, was da angeregt wird, das, was auf uns wirkt, ist nichts anderes als die Stimulierung unserer magischen Bewußtseinsstruktur.

Auch ein Großteil dessen, auf dem die Macht von Kirche und Religionen aufbaut, empfängt seine Kraft aus unserem magischen Denken. Und selbst das, was andere eigentlich ohne konkrete Absicht geschaffen oder als

Blickfang in ihren Vorgarten gestellt haben, kann uns, wie man gemeinhin sagt, »magisch anziehen«.

Wir hören schöne Musik, und schon fallen wir in leichte Trance, wir schweben weg in unseren Gedanken und sind dennoch immer noch dort, wo wir zuvor auch waren. Nur unser Bewußtsein ist irgendwo anders. Es ist erweckt von Erinnerungen, Wünschen und Träumen.

Um Ihnen von dem, was hier gerade vorgestellt wurde, auch ein konkretes Gespür zu vermitteln, möchte ich Ihnen im folgenden eine letzte Übung vorschlagen:

### Übung: Was mir ein Raum sagen will

Setzen Sie sich gegen Abend einmal allein in einen Raum und entspannen Sie sich. Lassen Sie sich einfach für eine Weile fallen, legen Sie alle Kontrolliertheit und Vernunft ab, und erleben Sie sich einmal ganz gelassen und bewußt in und mit diesem Raum (Pause) ...

Nach einiger Zeit dann stellen Sie sich leise die Frage »Was will mir dieser Raum sagen?« Alsdann lauschen Sie in sich hinein. Spüren Sie nach, welche Gefühle in Ihnen angeregt werden, ob es sich um einen ,gesunden' oder aber ,kranken' Raum handelt, ob Sie sich hier geschützt und frei fühlen und auch, ob eventuell neben Ihnen noch irgendwelche anderen Wesenheiten oder Seelenkräfte vorhanden sind (Dauer etwa 10 bis 15 Minuten) ...

Wenn Sie die Raumqualitäten bewußt genug in sich aufgenommen haben, verlagern Sie Ihre Konzentration weg von der Ganzheit des Raumes und hin auf bestimmte Details. Betrachten Sie nun jeweils für einige Zeit bestimmte Einzelheiten (beispielsweise ein Fenster, die Gardine, eine Vase, eine bestimmte Ecke, ein Bild, ein technisches Gerät oder einzelne Möbelstücke).

Womöglich werden Sie im Verlauf der Übung zunehmend überrascht sein, daß wirklich jedes Detail in Ihnen ein ganz konkretes Gefühl auslöst, wenn Sie es nur lange genug betrachten und seine Magie auf sich wirken lassen. Das eine wird vielleicht positiv, ein anderes unruhig auf Sie wirken. Eines wird in Ihnen ein Gefühl der Angst, ein anderes Entspanntheit auslösen. Eines Ihre Neugier wecken, ein anderes Sie abstoßen ...

Je genauer Sie dabei hinspüren, desto genauer werden Sie feststellen können, welche magischen Einflüsse und Effekte die einzelnen Bestandteile des Zimmers auf Sie ausüben. Wenn Sie wollen, können Sie die Qualitäten auch noch einmal mit Biotensor oder Pendel ‚abfragen‘.

Magie und Wohnung verbindet, wie gesehen, ein enges Wechselspiel. Wenn wir nun noch bedenken, wie heutzutage gebaut oder renoviert wird, so eröffnet sich unserem Denken ein ganz neuer Zugang. Oft schon ist eine renovierte Wohnung oder ein neues Haus bereits energetisch verschmutzt, noch bevor wir eingezogen sind. Denn der Einfluß von Geldnot, Hektik, Streß, Konkurrenzdruck, Ausbeutung und Naturverachtung, der auf modernen Baustellen herrscht, setzt sich nur zu leicht als feinstoffliche Botschaft in Räumen oder Gebäuden fest, selbst wenn diese äußerlich noch neu und rein erscheinen mögen.

So steckt, um es einmal mit einem Bild aus der Computersprache auszudrücken, oft bereits von Beginn an so etwas wie ein Virus in unseren Räumen. Ein Virus, das den sozusagen ‚unbefleckten‘ Neubau oder die gerade renovierte Wohnung noch vor Einzug der Bewohner infiziert hat und dort bereits sein (Un-)Wesen treibt.

Bleiben wir passiv und räumen lediglich unsere Möbel in die neue Wohnung, so werden wir schnell die »Opfer« der Räume. Werden wir jedoch aktiv und nutzen die Möglichkeiten des magischen Wohnens, so steigt die Chance, eventuell bestehende energetische Probleme zu überwinden und so zu einem »Meister« der Räume zu werden. Einzig und allein der Mensch ist als Teil der Schöpfung in der Lage, mit Hilfe seines Bewußtseins zielgerichtet etwas zu verändern.

Solange wir jedoch nicht den Vorsatz fassen, auf unsere gebauten Welten energetisch positiv Einfluß auszuüben, werden wir auch nur Empfänger derjenigen Energien sein, die diese an uns abgeben. Und das sind in vielen Fällen eher negative und gestörte Schwingungen.

Wir leben in einer Zeit mit zu schnellem Energieverlust, wofür Wandel, Zeitnot, Aggressivität und Vergänglichkeit nur einige der äußeren Anzeichen sind. Demzufolge käme es also darauf an, die uns zur Verfügung stehende Kraft zu bewahren und zu stärken. Wieviel schöner und harmonischer würde sich zukünftig wohl ein Ort anfühlen, der mit Liebe, Ruhe, Besonnenheit und

Erdverbundenheit gebaut, renoviert und eingerichtet werden würde, den wir insbesondere zu Beginn mit positiven Ritualen ‚einweihen' und dem wir auch später ehrfurchtsvoll und mit innerer Ordnung begegnen. Vertrauen wir also den Prinzipien des magischen Wohnens, die uns dabei helfen, mehr bei uns selbst zu bleiben, als weiterhin im Außen zu suchen. Denn dies ist der Weg, unsere Wohnräume nach und nach in reine, geschützte, kraftgebende Räume zu verzaubern.

# Die Kraft stärken durch Rituale und Zeremonien

*Es gibt mehr Ding' im Himmel und auf Erden,*
*Horatio, als unsere Schulweisheit sich träumt.*
William Shakespeare

Ein Hauptwesensmerkmal bei aktiv ausgeführter Wohnraummagie besteht darin, zu lernen, gedankliche Kräfte so zu kanalisieren, daß sich die Energie unseres Bewußtseins positiv nutzen läßt. Das heißt, es geht also in erster Linie darum, die eigene geistige Kraft als Hilfsmittel einzusetzen, und zwar mit dem Vorsatz, Vorstellungen bezüglich einer wünschenswerten Zukunft auf das konkrete Leben in unserem Zuhause zu übertragen. Das kann mit den unterschiedlichsten Intentionen geschehen. Etwa, wenn wir das Energieniveau unserer Räume anheben wollen, wenn wir vorhaben, uns Nischen zu schaffen, ganzheitliche Lebensqualität zu implizieren, mögliche störende Wesenheiten zu vertreiben, Privatsphäre vor störenden Außeneinflüssen zu schützen und anderes mehr.

Um jedoch zu erreichen, daß unsere Gedanken wahr werden können, bedarf es der Aktivierung und Kräftigung unserer magisch-mentalen Fähigkeiten. Hierzu ist als Einstieg nichts besser geeignet als das Zelebrieren fester Zeremonien oder Rituale. Dieses mit dem Ziel, unser Gehirn in eine entspannte leichte Trance, das heißt. ins Tagträumen (auch Alphazustand genannt) zu versetzen. In einen Zustand, der sich oftmals schon relativ leicht durch ruhiges Atmen und Meditieren erreichen läßt, den wir aber noch vertiefen wollen, um uns mit den Kräften und Wesenheiten der anderen, der unsichtbaren Seite zu verbinden. Das heißt, wir müssen eingangs erst einmal so etwas wie eine Resonanzbeziehung zur unsichtbaren Welt herstellen.

*»Früher habe ich getobt und geschrien, wenn die Kinder wieder einmal unmöglich waren. Gebracht hat es im Grunde genommen gar nichts, und ich fühlte mich hinterher auch noch als schlechte Mutter. Heute*

*habe ich da eine ganz andere Methode entwickelt. Wenn ich merke, daß mir mit den Kindern wieder einmal alles zuviel wird, gehe ich in den Wohnzimmerbereich und stelle ruhige Musik an, obwohl das anfangs immer ganz schön Überwindung kostet. Dann schiebe ich eine große Kerze auf den Tisch und zünde sie an. Diese Kerze steht sozusagen für mich. Dann nehme ich Teelichter. Für jedes Kind eines. Diese stelle ich so weit wie möglich von der großen Mutterkerze auf den Tisch und zünde sie ebenfalls an. Schließlich lege ich um alles herum einen Kreis aus kleinen Mineralien und schaue gedankenverloren in die Flammen. Manchmal summe ich auch das Mantra ‚Om‘ leise vor mich hin ...*

*In der Regel werde ich bald merklich ruhiger. Irgendwann rücke ich dann, je nach Stimmungslage, die kleinen Kerzen immer dichter an die große heran und verkleinere auch den Steinekreis.*

*Während ich ganz bei dieser Übung bin, schalte ich zunehmend ab und höre die Kinder kaum noch. Meine Aura scheint zu wachsen, sich auszudehnen und mich vor dem Getöse abzuschirmen. Und meistens passiert dann das fast Unglaubliche: Die Kinder werden ebenfalls ruhiger, und manchmal kommen sie wie magisch angezogen näher und setzen sich an den Tisch. Hier sind die Abstände zwischen den Kerzen jetzt auf wenige Zentimeter zusammengeschrumpft – umgeben von einem inzwischen doppelt gezogenen Steinkreis. Alles zusammen schafft eine ganz besondere Atmosphäre.«*

Das, was im obigen Beispiel beschrieben wurde, ist bereits nichts anderes als eine einfache zeremonielle Handlung. Sie half dabei, erst einmal in einen tranceähnlichen Zustand zu gelangen. Im weiteren Verlauf wurden die Anordnung der Steine sowie das langsame Schieben der Kerzen dann als Methode angewandt, um über die Gedanken eine mentale Kraft freizusetzen.

Hier eine andere Methode, die verdeutlichen soll, wie sich die Wahrwerdungskraft eines Wunsches unterstützen läßt. Angenommen, Ihre Wohnungsnachbarn reagieren nicht auf Ihr mehrmaliges Bitten, abends etwas leiser zu sein, so sollten sie es einmal nonverbal versuchen. Hierzu schreiben Sie den Wunsch oder das Ziel groß auf einen Papierbogen (beispielsweise: »Die Nachbarn lassen mich in Ruhe.«). Legen Sie diesen sodann zusammen mit einigen Blumen an den »Altarplatz« oder Lieblingsort Ihrer Wohnung. An den Platz also, der für Sie besonders die Aspekte von innerer

Einkehr verkörpert und der Ihnen etwas Besonderes bedeutet. Ein Platz, der es Ihnen aber gleichzeitig erlauben soll, Ihre geistige Kraft auszudehnen. Nun schicken Sie auf das Blatt Papier mit Ihrem Wunsch täglich stärkende Gedanken, um ihm Kraft zu geben.

Ein Verfahren, das noch mehr den magischen Impetus verdeutlicht, wäre, Ihrem Nachbarn einen Brief zu schreiben, um ihm Ihre Wünsche mitzuteilen. Allerdings verwenden Sie dabei statt Tinte besser Milch, die Sie mit einem Pinsel auftragen. Der Adressat wird zwar nicht schlau aus diesem Brief, da es sich für ihn lediglich um ein leeres Blatt Papier handelt, dennoch wird die unsichtbare Botschaft übermittelt und von dessen Unterbewußtsein aufgenommen. Einen stärkeren Einfluß erreichen Sie womöglich noch, wenn Sie Reiki nutzen. Dies ist ein uraltes Verfahren, bei dem Sie die Heilkraft der Hände zu nutzen beginnen (siehe weitere Erklärungen im Lexikon im Anhang). Reiki ließe sich so anwenden, daß Sie an mehreren Tagen hintereinander Ihre Hände jeweils eine Weile direkt auf den Papierbogen legen, um die universelle Lebensenergie auf Ihren dort notierten Wunsch einströmen zu lassen. Oder Sie machen Fernreiki, was jedoch eine Einführung in die Kenntnis eines speziellen Zeremoniells verlangt, welches sich beispielsweise in einem Seminar zum zweiten Reiki-Grad lernen läßt. Mit Hilfe des zweiten Grades würde sich nicht nur die Energiemenge verstärken, die Sie auszusenden vermögen, sondern Sie könnten Ihr Wunschziel auf dem Zettel auch von unterwegs aus jederzeit mit Hilfe von Fernreiki aktivieren, ohne zuhause anwesend zu sein.

*»Ich sitze an einem Ort in der Natur, an dem ich mich wohl fühle und von dem aus ich schon etliche kraftvolle Dinge ins Rollen gebracht habe. Vor mir liegt aufgeschlagen das Buch über den ‚Zweiten Grad im Reiki‘ mit der Seite der Wohnraumsanierung. Auf ein DIN-A4-Blatt zeichne ich den Grundriß meiner Wohnung. Dann sende ich Fernreiki darauf und schließe meine Augen. Nun durchwandere ich in Gedanken ganz langsam die Räume meiner Wohnung. Beginnend beim Hauseingang, lasse ich Reiki überall hinfließen. Vor meinem geistigen Auge erscheint der Flur. Hier fallen mir viele dunkle Zonen auf, ich merke, daß dieses Dunkle von der Nachbarwohnung herkommen muß. Ich sende sehr viel Reiki auf diese Stellen. Ebenso auf den Fußboden des Arbeitszimmers, der mir in meiner magischen Übertragung schmutzig und unheimlich vorkommt.*

Ich spüre, wie mich selbst in meiner Phantasie ein Gefühl des Unwohlseins beschleicht, wo ich mental die dunklen Zonen durchwandere. Auch über dem Bad liegt ein leicht dunkler Schatten. Ich setze Reiki ein und gehe ins Wohnzimmer. Auch hier gibt es dunkle Stellen, die ich mit Reiki ,säubere'. Dann gehe ich mental in den Flur zurück und verlasse die Wohnung wieder. Ich bin klarer und freier geworden.«

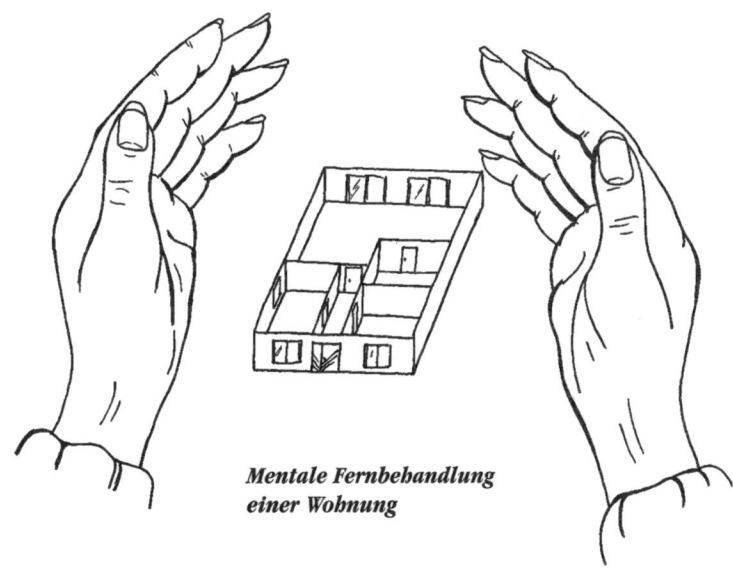

**Mentale Fernbehandlung
einer Wohnung**

»Als ich nach einem Wochenendseminar zum Thema ,Magisches Wohnen – Erdstrahlen, Feng Shui, Geomantie' wieder nach Hause kam, erschien mir die gesamte Wohnung schrecklich schmutzig und unordentlich. Obwohl alles im Grunde genommen genauso wie früher aussah. Nur ich hatte mich anscheinend verändert.

Beim Gang durch die Wohnung fiel mir eine Reihe von Gegenständen auf, die ich nicht mehr haben und so schnell wie möglich loswerden wollte. Ich entfernte erst einmal eine Reihe von Postern, Postkarten, Bildern und anderem Wandschmuck. Dann reinigte ich in den nächsten Tagen regelmäßig meine Wohnung und führte am kommenden Wochenende ein Ritual zur geistigen Reinigung der Räume mit dem Ziel durch, sie heilender und kraftvoller zu machen.«

Rituale und Zeremonien wurden ursprünglich in erster Linie mit kirchlich-religiösen Bräuchen in Verbindung gebracht. So geht zum Beispiel in der katholischen Kirche der liturgische Ablauf einer Messe nach ganz bestimmten Gesetzmäßigkeiten vonstatten. Dies liegt allerdings nicht darin begründet, daß Rituale primär etwas Religiöses, Kulthaftes sind, sondern ganz einfach daran, daß Kirche wie Naturreligion durch alle Jahrtausende hindurch sich der Macht der Rituale und Symbole bewußt gewesen sind und diese auch anwandten.

Das, was dabei die eigentliche Macht oder Stärke bewirkt, ist zweierlei: Erstens vermittelt uns Betrachtern das immer Wiederkehrende festgelegter Handlungsmuster in gewisser Weise ein Gefühl, daß hier etwas ganz Bedeutsames abläuft. Es zieht uns sozusagen in seinen Bann. Und zweitens erlangen religiöse, kultische Rituale und Zeremonien ihre Kraft aus der Tatsache, daß sie über viele Jahrhunderte bereits auf festgelegte Weise ausgeübt wurden. Das heißt, daß alle diese früheren Handlungen demzufolge in der Aura der Erde so etwas wie ein geistiges Resonanzfeld aufgebaut und energetisch gespeist haben, welches heute wiederum stärkend auf die aktuellen Handlungen einwirkt. Aus psychologischer Sicht sind Rituale im Grunde genommen erst einmal nichts anderes als Handlungen, die dem Alltag eine Struktur geben. Rituale auf der untersten Ebene des Alltags, das heißt immer wiederkehrende Abläufe in Haus oder Wohnung, kennt jeder von uns: Wir stehen morgens zu einer bestimmten Zeit auf, gehen ins Bad, auf die Toilette, stellen uns unter die Dusche, um die Müdigkeit abzuspülen, sitzen beim Essen immer an einem bestimmten Platz, lesen unsere Zeitung, zelebrieren den Kaffe oder das Schmieren der Brötchen, benutzen stereotyp die Küche und verabschieden uns immer auf die gleiche Art und Weise.

Bestünde der Fußboden unserer Wohnung aus so etwas wie Gras, so könnten wir sehen, wie wir uns Tag für Tag, Jahr für Jahr auf eingefahrenen Bahnen bewegen. Es entstünden, ähnlich wie die Wildwechsel in der Natur, auch in unseren Wohnungen regelrechte Trampelpfade. Im übrigen ist in heutiger Zeit der automatische Gang zum Fernseher, wenn jemand zum Beispiel nach Hause kommt, verbunden mit dem Einschalten des Gerätes, als neueste Form einer ritualisierten Handlung hinzugekommen.

Viele Dinge tun wir also, ohne uns dieser Vorgänge wirklich bewußt zu sein. So gesehen unterliegen wir hier bereits magischen Einflüssen. Irgend etwas in uns fühlt sich wie ‚magisch angezogen' und geleitet von unsichtbaren Faktoren, die wir selten nur bewußt wahrnehmen und beeinflussen. Wir sind fremdgesteuert, statt daß wir unser Tun und Handeln bewußt ausführen. Insofern erfüllen wir vordergründig bereits den Aspekt in bezug auf ‚magisches Handeln‘, welchen der Schweizer Kulturphilosoph Jean Gebser in seinem Buch »Ursprung und Gegenwart« (1949–1953) äußerte, indem er kritisch bemängelte, Magie sei alles, was wir ohne Wachbewußtsein tun.

Nun steht aber dieser passiv-negativen Betrachtungsweise auch ein aktives Element gegenüber. Denn Magie ist auch die Kunst, etwas geschehen zu machen. Wie weiter oben schon erwähnt, ist jede unserer Handlungen genau wie jedes unserer ‚gedachten Wörter‘ (Wünsche, Gedanken, Erwartungshaltungen, Böswilligkeiten, Flüche etc.) in der Lage, eine spezifische Kraft zu entwickeln, die die Chance erhöht, genau dies Wirklichkeit werden zu lassen, was wir beabsichtigen. Wir müssen diesen nur den nötigen Symbolgehalt zuordnen. Oder anders ausgedrückt, wir müssen das, was wir in punkto Wohnraumqualität im Kopf haben, durch Rituale und Zeremonien in seiner Kraft stärken, um die von uns erhoffte Wirkung und spirituelle Tiefe zu erreichen.

*»Als wir vor etwa zehn Jahren gebaut haben, wollte ich, daß unser Haus drei Faktoren erfüllt: Es sollte der Ort sein, wo wir eine Familie gründen würden, es sollte Glück und Zufriedenheit fördern und darüber hinaus auch genug Raum für Kreativität und Spiel ermöglichen.*

*Um unsere Wünsche in das energetische Feld des Hauses von Beginn an mit einfließen zu lassen, machten wir einige Wochen vor Baubeginn auf dem Grundstück unsere eigene kleine Feier. Wir bauten unser Zelt auf, legten Holz zurecht und taten so, als wollten wir am Abend grillen. Doch eigentlich war das kleine Feuer eher dafür gedacht, den anwesenden Kräften zu bedeuten, daß hier etwas Neues entstehen würde. Das Feuer stand für uns für Themen wie Umwandlung, Reinigung, Schutz und Erneuerung des Lebens. Es sollte den Wesenheiten des Ortes signalisieren, daß wir ein positives Miteinander suchten, negativen Kräften hingegen darlegen, daß dieser Ort ein Ort des Lichtes werden und ihnen deshalb keinen Raum mehr bieten würde. Dann beschrieben wir viele kleine Zettel mit unseren Wünschen und steckten sie an verschiedenen Plätzen einfach in die Erde, um diese Wünsche hier mit den Energien des Ortes zu verbinden. Einige andere Zettel warfen wir auch ins Feuer mit dem Ziel, unsere Botschaft ebenfalls an die Luft und die luftigen Wesenheiten zu übermitteln. Hinzu gaben wir einige Hände voll Salbei, der für uns die Reinigung der Atmosphäre wie auch positive Düfte symbolisierte.*

*Wir ließen uns bei allem sehr viel Zeit und entwickelten immer neue Ideen, um unseren Wünschen Ausdruck zu verleihen. Irgendwann wuchs in uns auch ein Verlangen nach Rhythmus und Musik. So entstaubten wir eine alte Trommel, suchten ein paar Stöcke aus der Umgebung zusammen und schickten unseren Wünschen auch noch die Kraft archaischer Töne hinterher. Erst als es schließlich hell wurde, legten wir uns ein wenig schlafen und ließen das Feuer allmählich ausgehen.«*

### Übung: Persönliches Ritual zur Wohnraumsanierung

Lassen Sie hier Ihrer Kreativität, Ihrer Phantasie, Ihrem inneren Kind einmal freien Lauf und entwickeln Sie selbst ein Ritual, wie Sie sich gut und leicht in so etwas wie einen entspannten Alphazustand versetzen können (z.B. indem Sie langsam mental von 100 bis 0 rückwärts zählen). Einige Anregungen erhalten Sie u. a. durch das Buch. Suchen Sie sich auch die notwendigen Utensilien zusammen, die Ihnen etwas bedeuten oder mit denen Sie etwas Tieferes verbinden.

Dann stellen Sie Ideen für diejenigen Aspekte zusammen, die Sie an Ihrer Wohnung oder an Haus und Grundstück verändert haben möchten. Dies können Attribute und Eigenschaften sein (beispielsweise: »Meine Räume sollen mir helfen, das Prinzip Geld für mich zu klären. Ich möchte langfristig bedeutend mehr verdienen.« Oder: »Ich bin ein Hitzkopf. Meine Wohnung soll das Prinzip Abkühlung und Ausgleich für mich bereitstellen.« Oder auch: »Ständig kommt es zwischen mir und meiner Frau zu Mißverständnissen. Die Energien des Hauses mögen endlich mehr Harmonie und Einklang für uns bereitstellen.«).

Es können aber auch ganz bestimmte Probleme an Wohnung und Grundstück in Frage kommen. Beispielsweise, wenn die Mietwohnung seit längerem Mängel aufweist und der Vermieter sich einfach nicht darum kümmert. Des weiteren denkbar wäre auch ein Reinigungsritual, wenn Sie das Gefühl haben, die Wohnung sei von negativen Seelenkräften besetzt, denen Sie nicht mehr länger begegnen wollen ...

Wenn Sie das Problem klar umrissen haben, so führen Sie Ihre ganz spezifische Zeremonie einmal durch. Je mehr Sie dabei das rationale Tagesbewußtsein ausschalten können, desto leichter wird es Ihnen fallen, den Kontakt zur ,anderen Seite' herzustellen. Lassen Sie sich Zeit dabei. Bitten Sie die göttliche Ebene wie auch Ihre Schutzengel oder geistigen Helfer um Unterstützung, um in den betreffenden Punkten eine Klärung zu erreichen. Kombinieren Sie dabei Ihre eigene Zeremonie mit bestimmten Gegenständen oder auch mit Musik.

Noch ein Hinweis: Es kommt nicht darauf an, ob etwas richtig oder falsch ist, es kommt lediglich darauf an, daß Sie das, was Sie zu verwirklichen beabsichtigen, mit voller Kraft und vollem Bewußtsein in die Zeremonie einfließen lassen.

Denken wir nur einmal daran, welch immenser Aufwand betrieben wird, wenn ein Staats- oder Kirchenoberhaupt gekürt wird. Die Einführung in sein Amt im kleinen Kreis, mag man annehmen, unter Ausschluß der Öffentlichkeit, täte es doch eigentlich auch. Oder erinnern wir uns daran, mit welchen Feierlichkeiten Erstkläßler empfangen und Abgangsschüler schließlich entlassen werden. Oder auch an Grundsteinlegungen bei größeren, bedeutenden Bauwerken, an das Richtfest auf Baustellen oder das Ins-Haus-Hineintragen der Braut durch den Bräutigam.

Alles das sind letztlich zeremonielle Handlungen, die einzig und allein dem Zweck dienen, das Magische in uns anzuregen. Hierdurch wird einem Vorgang ein höheres Maß an Bedeutung verliehen und dem damit verbundenen Ziel mehr feinstoffliche Energie zugestanden. Der Sinn einer Zeremonie steckt also darin, einer Handlung oder auch einem Vorgang mehr Kraft zu geben und dadurch einen implizit enthaltenen beabsichtigten Einfluß zu erzielen.

Dies läßt sich sowohl auf Anwendungen beziehen, bei denen wir mit Hilfe von zeremoniellen Handlungen bestimmten Wünschen oder Erwartungen zusätzlichen Ausdruck verleihen können. Es ist aber auch genauso möglich, wenn wir uns zum Beispiel gegen etwas schützen oder uns reinigen wollen. Beten zum Beispiel kann als einfache Form eines Rituals angesehen werden. Wir verbinden uns mit einer höheren Macht und bitten um Unterstützung für uns oder um Hilfe für andere Menschen.

Rituale können auf die unterschiedlichsten Weisen vollzogen werden. Im folgenden biete ich Ihnen in besonders ausführlicher Form einen Vorschlag zu Vorbereitung und Ablauf einer zeremoniellen Handlung. Es steht Ihnen dabei unbelassen, je nach persönlichem Geschmack Teile zu verändern, wegzulassen, auszudehnen oder hinzuzufügen. Gehen Sie am besten die Punkte erst einmal Schritt für Schritt durch. Hierbei wird Ihnen deutlich, worauf es im einzelnen ankommen wird.

1. Schritt:
Finden Sie zunächst einmal heraus, welches Ziel Sie mit einer Zeremonie erreichen wollen. Hierdurch lenken Sie bereits den Energiefluß in Richtung Ihrer Absicht. Nehmen Sie sich ruhig genügend Zeit, um sich klar darüber zu werden, wo Ihr Hauptwunsch liegt. Denn kraftvolle Zeremonien erfordern Ruhe und Vorbereitung. (Zum Beispiel: »*Mein Haus soll ein Ort der Begegnung werden und Menschen mit unterschiedlichsten Meinungen zusammenführen. Es soll den geistigen Austausch zulassen und fördern. Mich selbst sehe ich dabei als inspirierten Gastgeber, der gibt, aber auch nimmt.*«)

2. Schritt:
Überlegen Sie sich, wo Sie die Zeremonie durchführen wollen, welche Utensilien Sie benötigen und ob jemand Sie dabei unterstützen soll. Hierzu können Sie die verschiedensten Fundsachen aus der Natur benutzen, besonders schön gewachsene Äste, Blumen, Laub, Erde, Knochen, Schneckenhäuser, Flußwasser, Steine, Muscheln, Stroh, Baumrinde; aber auch Klangschalen, verschieden voll gefüllte Gläser, Glocken, Glockenspiele, Trommeln oder Stöcke. Hinzu kommen Düfte, bestimmte Farben und meditative Musikstücke.

3. Schritt:
Räumen Sie im Vorfeld den betreffenden Raum gut auf, wischen Sie nach Möglichkeit die darin stehenden Möbel und Wandgegenstände mit

Salzwasser ab, und stellen Sie am Abend des Vortages eine Duftlampe oder etwas Ähnliches hinein. Stimmen Sie sich die Nacht vorher bereits auf die Zeremonie ein, und fasten Sie nach Möglichkeit. Reinigen Sie sich selbst durch Wasser und Licht, um ausschließlich Träger von reiner Energie zu sein.

4. Schritt:
Beginnen Sie die Zeremonie, indem Sie alle vier Seiten des Raumes begrüßen und die positiven Helfer herbeirufen. Spüren Sie noch einmal, ob Sie wirklich bereit dazu sind, Ihre Absichten in die Aura der Räumlichkeiten einzuspeisen.

5. Schritt:
Plazieren Sie in der Mitte des Raumes ein Mandala auf dem Fußboden – beispielsweise ein gemaltes Bild, eine Anordnung aus farbigen Feldsteinen oder Mineralien, eine Symbolik, bestehend aus Kräutern, Gewürzen und Samen, oder auch ein ‚Kunstwerk‘, das Sie aus den verschiedensten Materialien der Natur hier ganz intuitiv entwerfen.

6. Schritt:
Setzen Sie sich nun davor, und dehnen Sie Ihre Aura durch Meditation weiter aus. Werden Sie allmählich eins mit dem Raum, eins mit der Umgebung.

7. Schritt:
Rufen Sie nun Gott und alle geistigen Helfer herbei, um diese davon in Kenntnis zu setzen, was das Ziel dieser Zeremonie sein soll. Halten Sie alsdann, auch wenn Sie kein Reiki haben, die Hände vor sich, und lassen Sie positive Energie aus den Handchakren heraus auf die geäußerten Wünsche und Absichten strahlen. Dann visualisieren Sie Ihre Wünsche in leuchtenden, hellen Farben und speisen diese dadurch in die unsichtbaren feinstofflichen Ebenen ein, die Sie umgeben.

8. Schritt:
Erzeugen Sie nun selbst Musik, trommeln Sie, um die in Gang gesetzte Energie Ihrer Absichten noch zu stärken. Auch Tanzen oder intuitive, rhythmische Bewegungen fördern die Wirkung.

9. Schritt:

Zünden Sie Kerzen an, und tun Sie des weiteren alles, wovon Sie das Gefühl haben, es würde die Kraft Ihrer Intentionen und Wünsche, die Sie mit dieser Zeremonie in die geistige Welt ‚einspeisen' wollen, noch verstärken.

10. Schritt:

Beenden Sie die Zeremonie erst dann, wenn Sie meinen, daß diese nun genügend Kraft entfaltet hat, jedoch nicht abrupt, sondern fast so, als würden Sie den gesamten Ablauf wieder zurückdrehen wollen. Sammeln Sie abschließend alles zusammen, und räumen Sie den Ort wieder auf, so, wie er vor Beginn der Zeremonie ausgesehen hat.

*»Ein Bekannter erzählte mir einmal, daß in seiner Wohnung immer wieder Mäuse aufkreuzten, was ihn in seiner Wohnbehaglichkeit ganz schön störte. Irgendwann hatte er genug davon und auch genug davon, eher halbherzig Gift auszulegen und Fallen aufzustellen. Er hatte inzwischen so viel Wut und Abscheu gegen die Mäuseplage in sich aufgebaut, daß er sich eines Tages ganz spontan mitten auf den Fußboden der Küche setzte, ein wenig Tabak aus einer Zigarette auf den Boden streute und diesen zum Glimmen brachte. Dann richtete er eindringliche Worte an die Mäuse, wobei er sich sicher war, daß diese auch ihre Wirkung bei ihnen erzielen würden. Hierbei teilte er ihnen in einer Art Schwur mit, er würde sich das Ganze jetzt nicht länger gefallen lassen, und wenn die Mäuse nicht verschwinden würden, so würde er alles daransetzen, um sie zu vernichten. Dieses spontane Ritual muß seine Wirkung erreicht haben, denn von Stund an tauchte nie wieder eine Maus bei ihm in der Wohnung auf.«*

Fassen wir das, worauf es ankommt, noch einmal zusammen: Im Kontext des magischen Wohnens kommt der Anwendung von Techniken und Ritualen, mit denen sich gezielt positive Effekte erreichen lassen, neben einer positiven geistigen Grundhaltung eine eminente Bedeutung zu. Techniken bleiben jedoch so lange eine bloße Hülle, wie wir sie nicht mit Leben erfüllen. Das heißt, so lange wir sie nicht durch das Einhauchen von Lebenskraft zum Wirken erwecken. Eine der Hauptmöglichkeiten hierzu steckt in der Anwendung von zeremoniellen Handlungen – eine Vertiefung bietet der Einsatz von Symbolen, doch dazu später.

# Unsere Wohnung kann uns zeigen, wer wir sind

*Die Sichtweise vom Bauen und Wohnen verändert sich massiv.*
*Die Menschen wollen nicht länger in Wohnungen und Gebäuden leben,*
*die ganz offensichtlich schlecht für die körperliche wie auch geistige*
*Gesundheit sind.*
David Pearson, englischer Architekt

Zwischen allem, was um uns herum existiert und passiert, besteht eine Beziehung – alles hat eine Bedeutung. Allerdings sind wir gefangen in unserem Bewußtsein, so daß uns häufig der eigentliche Sinn des Lebens weitestgehend verschlossen bleibt. Deshalb lade ich Sie auf den nächsten Seiten zu einer kleinen Entdeckungsreise in das Innere Ihrer Seele ein.

Wir befinden uns weltweit mitten in einem tiefgreifenden Wandlungsprozeß. Waren wir in der Vergangenheit stark am Äußeren, am Expandieren, Globalisieren sowie dem Ausnutzen der Natur orientiert, so merken wir jetzt, daß wir an unsere Grenzen stoßen. Bedingt durch die immense Zunahme der Weltbevölkerung, wird der Raum um uns herum immer enger. Folglich sind wir gezwungen, von Jahr zu Jahr näher zusammenzurücken. Dabei sind wir Menschen Verursacher und gleichzeitig auch die Leidtragenden dieser Entwicklung.

Eigentlich könnte man meinen, man komme sich insgesamt näher, man »nähere sich sozusagen einander an«, doch gerade das Gegenteil ist heute der Fall. Die erzwungene Nähe geht zusehends einher mit dem Verlust ehemals positiv besetzter Eigenschaften wie Gemeinsinn, Rücksichtnahme, Nachbarschaftlichkeit und Mitgefühl. Statt dessen nehmen individuelle Isolierung, Konkurrenzstreben, Egoismus, Zeitnot und Entwurzelung ständig zu. Die belebte Straße, das bunte Treiben in den Gassen, die freundlichen einfachen Menschen, die kommunizierend vor ihren Häusern sitzen oder arbeiten, ein Bachlauf, an dem Kinder spielen – vieles davon gehört schon längst der Vergangenheit an.

Was wir aus dieser kurzen Einführung exemplarisch lernen können, ist etwas über das Wirken des physikalisch-energetischen Gesetzes zwischen Druck und gleichzeitiger Abstoßung. Oder anders gesagt: Bewegt sich etwas aus der Einheit weg in eine bestimmte Richtung, so kommt es postwendend zu einer entsprechenden Gegenbewegung, um das ursprüngliche Gleichgewicht wiederherzustellen. Ganz besonders gut verdeutlichen läßt sich dieses Phänomen am Beispiel sogenannter »Wohnstädte« oder »Wohnburgen«. Hier werden auf engstem Raum überproportional viele Menschen zusammengepfercht. Sie leben in Appartements oftmals Tür an Tür, Wand an Wand, Balkon an Balkon. Und trotz dieser unmittelbaren Nähe passiert genau das Gegenteil von dem, was man ursprünglich erwartet hatte. Statt positiver menschlicher Nähe kommt es zu einem massiven Abgrenzen, verbunden mit zwischenmenschlicher Kälte und sozialen Spannungen. Jeder zieht sich in das Innere seiner vier Wände zurück und bleibt für sich.

Falsch wäre es nun, nach hinten zu schauen und das zu betrauern, was im Rahmen der augenblicklichen Übergangsphase in bezug auf die Schönheiten der Natur, auf den gemütlichen, mitmenschlichen Lebensstil und vieles andere mehr zwangsläufig zurückgelassen werden muß. Denn ansonsten würden wir unnötig lange mit den alten Strukturen energetisch verhaftet bleiben. Statt dessen macht es viel mehr Sinn, sich den neuen Herausforderungen zu stellen. Beide Seiten der Medaille, das heißt sowohl das räumliche Zusammenrücken wie auch die zunehmende Distanz auf sozial-geistiger Ebene bergen implizit eine Botschaft in sich. Eine Botschaft, die uns auffordert, bei uns selbst zu bleiben, nach innen zu gehen und uns vermehrt auf unseren eigenen spirituellen Weg zu konzentrieren. Denn andere als die inneren Räume sind heute auf der Erde kaum noch zu erschließen. Denn dort ist bereits alles »entdeckt«.

Parallel zur globalen Vernetzung durch den technischen Fortschritt kommt es mehr und mehr auch zu einer geistigen Vernetzung. Die feinstoffliche Energie verdichtet sich und macht sich bereit für einen Quantensprung. In etwa so, als würde sich die geistige Energie aus der sich mehr und mehr verdichtenden Materie herausziehen und in sich aufsteigen zu einer höheren Stufe des Bewußtseins.

Dieser Veränderungsprozeß läßt sich im übrigen astrologisch betrachtet ein Stück weit erklären. Er fällt unmittelbar mit dem Beginn des Wassermannzeitalters zusammen, welches in diesen Jahren das Zeitalter der Fische ablöst. Die Welt wächst technisch wie geistig zusammen. Es entwickelt sich ein Bewußtsein, welches die Prinzipien modernen Lebens und technischen Nutzens mit alten spirituellen Verständnisweisen der Naturvölker zu einem harmonischen Ganzen zusammenzufügen beginnt. In dieser Situation fehlenden Platzes bleibt uns somit nichts anderes übrig, als neue Räume nicht mehr in der äußeren Realität, sondern in uns selbst zu suchen.

Auch das Thema ‚Wohnen' ist bereits vom Prozeß der Umwandlungsphase infiziert worden. Bisher hatte beim Wohnen der äußere ‚Schein' über das wahre ‛Sein' triumphiert. Seit Jahrzehnten schon proklamierten wir ein ‚Schöneres Wohnen' und bemerkten gar nicht, wie wir uns hierdurch von unserer wahren Identität immer weiter entfernten. Wir legten Wert auf das Vordergründige und vergaßen, daß etwas ganz tief im Inneren unseres Wesens schlummert, was sich nach Rückbindung und Einheit sehnt. Wir rückten den Fernseher an den besten Platz der Wohnung, ohne uns bewußt zu sein, welche Macht wir ihm hierdurch über uns einräumten. Jetzt jedoch wird uns bewußt, daß uns unser Zuhause noch ganz andere Chancen bieten könnte. Wir entwickeln ein Gespür dafür, wie die äußeren Räume immer auch unsere inneren Räume abbilden und daß die Art zu wohnen uns, zumindest in symbolischer Weise, interessante Aufschlüsse über uns selbst vermitteln kann.

## Übung: Welche Qualitätsbereiche enthält die Wohnung?

Wie wir gesehen haben, stehen wir zu allem, was uns umgibt, in direkter energetischer Verbindung. Alles, was wir um uns herum gestalten oder bauen, zeigt und enthält dabei stets Teile von uns. Um diesen Umstand nun für Sie deutlicher werden zu lassen, nehmen Sie sich bitte ein möglichst großes Blatt Papier und zeichnen darauf erst einmal den Grundriß Ihrer Wohnung, zusammen mit etwaigen Fenster- und Türöffnungen. Hierbei ist Maßstabsgenauigkeit nicht unbedingt notwendig. Hauptsache, die Anordnung der Räume ist einigermaßen zu erkennen. Dann skizzieren Sie noch, so gut es geht, die nähere Umgebung um den Grundriß herum. Jetzt kommen wir zur eigentlichen Aufgabe. Nehmen Sie sich einen Buntstift mit einer Farbe, die Sie besonders gern mögen. Dann zeichnen Sie mit dieser Farbe ein Yin-und-Yang-Zeichen dort in den Plan hinein, wo sich Ihr Lieblingsplatz befindet. Sollten Sie mehrere haben, dann malen Sie mehrere dieser Zeichen. Sollten sich die Plätze außerhalb der Wohnung befinden, so zeichnen Sie die Yin- und -Yang-Zeichen auch in die Umgebung der Wohnung. Die nächsten Schritte sollen analog zum ersten erfolgen, nur daß wir jetzt die folgenden Bereiche und Qualitäten in jeweils unterschiedlichen Farben in den Grundriß eintragen:

— ‚Negative Plätze‘; Bereiche, in denen ich mich ganz ungern aufhalte, die ich gänzlich meide (Symbol: Totenkopf)
— ‚Sicherheit‘; hier fühle ich mich geborgen und kann auch etwas verstecken (Symbol: Schaukelstuhl)
— ‚Ruhezonen‘; Bereiche, mit denen ich Ruhe und Entspannung verbinde (Symbol: Wolken)
— ‚Repräsentation‘; hier soll der Eindruck auf mögliche Gäste besonders gut sein (Symbol: Kerze)
— ‚Gespräche‘; Bereiche, in denen Kommunikation und Geselligkeit stattfinden (Symbol: liegende Acht)
— ‚Gefahr‘; Bereiche, in denen körperliche wie seelische Verletzungen erfolgt sind (Symbol: X)
— ‚Freude‘; Orte, mit denen wir etwas Spielerisches oder Lustbetontes verbinden (Symbol: ‚Smiley‘)
— ‚Wohnungs-Altar‘; eine kleine Zone, an der ich ganz persönlich, ganz intim sein kann (Symbol: A)

Nachdem Sie sämtliche Symbole in den Plan eingetragen haben, sollten Sie sich nun eine Weile mit dem Resultat beschäftigen. Sind Sie möglicherweise über eine Reihe von Punkten überrascht? Was sagt Ihnen die Verteilung und Häufigkeit einzelner Symbole? Fehlt womöglich der eine oder andere der Themenbereiche? Und handelt es sich bei den fehlenden Bereichen etwa um Themen, die, wenn Sie ein wenig darüber nachdenken, in Ihrem Leben tatsächlich zu kurz kommen ...?
Zum Abschluß sollten Sie sich fragen, ob Sie innerhalb Ihrer Wohnung etwas verändern wollen mit dem Ziel, bestimmte Bereiche neu zu gewichten oder andere umzuverteilen. Sollte eine

Thematik gänzlich fehlen, so überlegen Sie, ob und wie Sie diese beispielsweise durch das Umstellen von Möbeln oder durch die Verwendung symbolträchtiger Gegenstände (Dinge, mit denen Sie etwas ganz Bestimmtes verbinden) in Ihre Wohnung neu integrieren können.

Anschließend entwerfen Sie eine Vision davon, wie Sie die Wohnung (gegebenenfalls auch die Umgebung) tatsächlich neu gestalten wollen. Sollten Sie zu denjenigen Leuten gehören, die manchmal etwas vergeßlich sind, so stellen Sie für sich einen Zeitplan auf, in welchen Schritten Sie die Abänderungen jeweils vornehmen wollen.

*Ein Beispiel: Lange schon hatten wir nur noch gearbeitet und unter der Unruhe und Lautstärke unserer Kinder gelitten. Erst anhand der Wohnungsanalyse erkannten wir, daß wir den Aspekten der Ruhezone und Erholung gar keinen Raum in unserem neuen Haus gegeben hatten.*

*Durch die konkrete Beschäftigung mit der Frage, wo für uns welcher Bereich anzusiedeln ist, wurde uns erst richtig deutlich, welche verschiedenen Bereiche eine Wohnung überhaupt besitzen kann. Schnell sahen wir dann auch, was hier fehlte.*

*Anfangs war es schwierig, neue Bereiche in unserer Wohnung zu kreieren. Denn erstens mußten wir selbst erst einmal eine Vorstellung davon im Kopf entwickeln, wie diese aussehen könnte, und zweitens mußten sich dann auch die Kinder an die neue Funktionszuschreibung mit festen Regeln gewöhnen. Wir nannten die neu zu schaffenden Ruhebereiche unsere ‚Magischen Eckchen' und stellten hier jeweils einen Labradorit-Obelisk auf – einen Stein, der die Energie in seinem Umkreis beruhigen und klären sollte.*

*Gemeinsam mit den Kindern machten wir dann eine Reihe von Spaziergängen in die Natur, um Federn und schöne Feldsteine zu suchen. Im Kreis aller Beteiligten ordneten wir alsdann die gefundenen Utensilien um die Obeliske herum und stellten auch noch einige Teelichter dazu.*

*Abschließend gaben wir auf jeden Ort noch einige Minuten lang mit Hilfe unserer Hände die heilsame Lebensenergie »Reiki«, um die harmonisierende Wirkung zusätzlich zu unterstützen.*

*Nach und nach begann sich dann so etwas wie ein neuer Umgang ein-
zustellen. Die ‚Magischen Eckchen‘ stellten einen Gegenpol zum Toben,
Bewegen, Streiten und Schreien dar. Etwas, was das unruhige, quirlige
Ch'i beruhigte und ausglich.*

**Mandala aus natürlichen Utensilien**

Dringen wir nun gemeinsam einen Schritt weiter in die Thematik vor. Wie
sagte doch vor einigen Jahren der indianische Medizinmann Sun Bear: »Wir
Indianer stellen uns das Leben als Kreis vor. Alle Geschöpfe sind Teil dieses
Kreises. Wenn wir unsere Hütten bauen, unsere Schwitzhütte oder unser
Tipi, geben wir auch ihnen diese runde Gestalt, weil wir damit des gesamten
Schöpfungskreises um uns herum gedenken.«

Sehr schön wird in diesen Sätzen das magische Naturdenken der Indianer
deutlich. Sie waren sich neben der Realebene immer auch einer unsichtbaren Ebene bewußt und hielten es für sinnvoll, immer beide gemeinsam in ihr
Denken und Handeln miteinzubeziehen.

Nachdem die westliche Welt diesen Umstand lange Zeit nicht wahrhaben wollte und, ausgehend vom Materialismus, ihr gesamtes Streben mehr oder weniger auf die Ausnutzung von Mensch und Umwelt beschränkte, beginnt sich heute allmählich ein neues Bewußtsein zu entwickeln. Wir erkennen angesichts von Umweltkrisen und Klimakatastrophen, daß wir uns nicht länger losgelöst von unserer Umgebung sehen können. Alles hängt wie in einem überdimensionalen Mobile weltweit mit allem zusammen. Und zu allem, was wir als die sichtbare, äußere Realität bezeichnen, gibt es auf geistiger, feinstofflicher Ebene eine Entsprechung. Tief im Inneren unseres Wesens sind so gesehen analoge Muster zur äußeren Welt enthalten. Muster, deren Existenz uns meistens völlig unbekannt ist, die wir jedoch erkennen können, indem wir beginnen, ein Verständnis für das analoge Denken zu entwickeln.

Anhand eines einfachen Vergleiches zwischen natürlicher und gebauter Welt, das heißt zwischen Menschen und Häusern, möchte ich demonstrieren, was damit gemeint ist. Sie werden leicht feststellen, daß es zwischen beiden zum Teil ganz überraschende Parallelen gibt:

Betrachten wir uns zuerst einmal die grobe Gliederung. In beiden Fällen gibt es drei Schwerpunkte. Nehmen wir einen Menschen, so setzt sich dieser grob betrachtet aus Beinen, Rumpf und Kopf zusammen. Diesem gegenüber steht das Haus mit Keller oder Fundamenten, Wohnungen und Dach.

Ganz ähnlich wie beim Menschen, dessen Leben im Dunkeln beginnt, benötigt auch ein Haus ein in die Erde eingelassenes Fundament. (Sinnigerweise behaupten die Indianer, ‚Mutter Erde‘ sei der Schoß, aus dem wir kämen.) Tiefenpsychologisch betrachtet entspricht der in sich geschlossene Keller eines Hauses dem Samenkorn, aus dem eine Pflanze entsteht, oder der Eizelle, aus der Leben erwächst. Wurzeln, genauso wie Keller und Fundamente, sorgen dafür, daß der Rest über genügend Standfestigkeit verfügt. Das bedeutet, daß sowohl bei Bäumen wie auch bei Häusern derjenige Bereich, auf dem sie aufbauen, unterirdisch ist und damit einer äußeren Betrachtung verborgen bleibt.

Nun zu den Bestandteilen im einzelnen: Der Keller beherbergt (wenn er nicht gerade zu Wohnzwecken ausgebaut wurde) diejenigen Dinge, die für uns unter der Oberfläche bleiben sollen. Auf der Realebene sind dies Rumpelkammern, Fahrradkeller oder zweckgebundene Räume wie Tank-, Hobby- oder Partyräume. Manchmal findet man hier inzwischen auch schon Wassertanks zwecks Regenwassernutzung.

Daß sich ein fundamentaler Wandel durch das gesamte Leben gezogen hat, läßt sich insbesondere am Thema Keller und seiner Nutzung erkennen. Denn früher war ein Haus ohne Kohlenkeller kaum denkbar. Kartoffeln, Karotten und Kohl wurden zwingend eingelagert, um den Winter zu überstehen; ähnliches galt für eingemachtes Obst und Gemüse. Der Aspekt des Vorsorgens geht dem Keller heutzutage anscheinend immer mehr verloren.

Übertragen auf einen Menschen, ließe sich dem Keller aus psychologischer Sicht der Sitz der Gefühle und insbesondere der Bereich der verdrängten Anteile zuordnen. Nicht von ungefähr kommt der Spruch, jemand habe anscheinend noch einige ‚Leichen‘ in seinem Keller liegen. Und wer kennt sie nicht, die im Grunde unerklärbaren Ängste vor Kellern. In manchen Gegenden wurden sie auch als Aufenthaltsort für Geister angesehen, insbesondere wenn sie fensterlos waren.

Was passiert nun heute im Bereich des Bauens? Keller spielen in jüngster Zeit bei der Neubauplanung nur noch selten eine Rolle. Gerade Einfamilienhäuser werden meist aus Kostengründen nur noch auf der Bodenplatte errichtet. Unschwer läßt sich hieraus ableiten, daß im Bewußtsein der augenblicklichen Generation Aspekte des Schutzes vor Gefahren (Bombenalarm in Kriegen, Sturmgefahren etc.) wie auch das Thema ‚Vorratshaltung‘ kaum noch eine Rolle spielen.

Der gleiche Trend ist auch in vielen alten Häusern zu beobachten, wo die Keller zu Wohnzwecken nachträglich ausgebaut und auf diese Weise einer neuen Nutzung zugeführt werden. Äußere Gefahren gibt es also anscheinend nicht mehr, und das, was wir benötigen, können wir uns jederzeit kaufen. Selbst Erdbeeren im Winter und Orangen im Sommer zu erhalten ist kein Problem. Das uralte Prinzip des Sicherns und Vorsorgens im Hinblick auf die kalte, unfruchtbare Jahreszeit scheint heute mehr und mehr überholt. Andererseits sind wir bei dieser Verfahrensweise natürlich erpreßbar durch die Nahrungsmittelkonzerne. Wir sind abhängig vom Nachschub und wären hilflos, wenn dieser unterbrochen werden würde.

Ein zweiter Aspekt darf jedoch auch nicht vergessen werden. Das, was wir heute so modern die ‚mobile Gesellschaft‘ nennen, den Umstand also, daß wir uns auf Wohnortswechsel einzustellen haben, wenn wir nach einer neuen Berufstätigkeit suchen, führt zu einem ganz neuen Persönlichkeitsphänomen: Der moderne Mensch wird in seiner Energie immer mehr geschwächt. Er fühlt sich entwurzelt und kaum noch richtig geerdet.

Und nun betrachten wir uns die Analogie dazu im Bereich des Bauens. Weltweit gibt es inzwischen unzählige Slums, deren Hütten bei Sturm zu Tausenden weggeblasen werden. Und ähnlich der Mobilität bei den Menschen werden auch Häuser mobiler. Denken wir nur an die Vielzahl von Wohnwagen oder -mobilen. In den USA kommt es darüber hinaus des öfteren vor, daß jemand sein ganzes Haus an seinen neuen Wohnort transportieren läßt. Und Häuser auf Schiffen sind inzwischen auch keine Seltenheit mehr. Zufall oder nicht?

Wenden wir uns nun dem Thema ‚Wachstum‘ zu. Hier stellen wir fest, daß jede nachwachsende Generation gezwungen ist, ständig schneller geistig reif zu werden. Denken wir nur einmal an die Absenkung des Volljährigkeitsalters. Oder daran, daß unsere Kinder uns nicht selten im Umgang mit Computern und anderer moderner Technik überholen. Und daß die Durchschnittsgröße der Bevölkerung bei der jüngeren Generation immer mehr wächst, daß uns unsere Kinder also auch in punkto Körpergröße immer mehr überragen, ist bekannt.

Unsere Häuser betreffend wird auch hier die Analogie sichtbar. Sie werden immer schneller gebaut, was noch besser durch das Wort ‚hochgezogen‘ ausgedrückt wird (Akkordarbeit, Fertighausverfahren, neue Baustoffe etc.). Sofort nach Fertigstellung, manchmal sogar noch davor, werden diese dann bezogen – aus Kostengründen, wie man immer wieder zu hören bekommt. Vergessen sind die Zeiten, in denen man ein Haus mindestens einen Winter lang richtig austrocknen ließ, mit der Folge, daß es heute in sehr vielen Neubauten oft immense Feuchtigkeitsprobleme, Schimmelbildung und anderes mehr gibt. Außerdem wachsen unsere Bauwerke auch immer weiter in den Himmel. Betrachten wir uns doch nur einmal die Innenstädte von Metropolen. Erkennen Sie an diesen kurzen Beispielen die Vielzahl paralleler Wahrheiten?

Kommen wir als letztes ganz oben am Menschen, beim Kopf, an. Hier stellen wir fest, daß wir den Kopf meistens viel zu ‚voll‘ haben – wir grübeln, planen, denken nach, machen uns Sorgen, studieren und vieles mehr. Kaum noch gelingt es uns einmal, den ständigen Fluß der Gedanken zumindest für eine Weile zum Stillstand zu bringen, so daß psychische Krankheiten immer mehr zunehmen. So gesehen gibt es kaum noch geistige Freiräume.

Aus psychologischer Sicht steht der Dachboden in Analogie zum Kopf. Er beherbergt sozusagen im übertragenen Sinn den Sitz der Gedanken und

Erinnerungen. Alles, was wir an Schönem wie an Unangenehmem jemals erlebt haben, ist hier gespeichert. Leider ist unsere ‚Festplatte' durch die Flut an zu verarbeitenden Informationen heutzutage übervoll, so daß wir einen Großteil davon verdrängen müssen, um überhaupt noch klar denken und handeln zu können. Dieser Umstand erklärt die ungeheure Fixierung auf die Zukunft, auf Fortschritt, auf Wachstum und Weiterentwicklung. Leben für den Augenblick, Leben im Hier und Jetzt wird zum Wunschtraum.

Irgend etwas treibt uns voran, und es scheint so, als würden wir den Kontakt zum Vergangenen verlieren. Sichtbar ist das u. a. daran, wie schnell sich beispielsweise im Bereich der Computertechnologie alles weiterentwickelt. Und schon heute stellt sich die Frage: Werden Schulkinder in zehn oder zwanzig Jahren überhaupt noch schreiben lernen oder nur noch dazu angeleitet, wie man Texte, Briefe und Aufsätze in einen Computer hineindiktieren kann, der diese dann sofort perfekt ausdruckt?

Entsprechend dazu hat jetzt im Bereich des Bauens und Wohnens die immense Nachfrage nach Wohnraum zu verstärktem Ausbau selbst der Dachböden geführt. Dort, wo früher Kisten mit altem Spielzeug, mit Notizen und sonstigen Relikten standen und manchmal jahrelang auf irgendeinen ‚Besucher' warteten, dort, wo unser ‚inneres Kind' liebend gern gespielt hat, um in magischer Verträumtheit zu versinken, herrscht heute weitestgehend ein neues Prinzip: das der Wohnraumnutzung. Dies führte inzwischen dazu, daß nun auch hier ständig etwas los ist.

Und dann betrachten wir uns die neugeschaffene Begrifflichkeit für ausgebaute Dachböden: »Dachgeschosse«. Bringt hierbei nicht allein schon die Zusammensetzung des Wortes »Dach-Geschosse« die Magie zum Ausdruck, die sich hinter Ausbau und Nutzung des Dachbereiches verbirgt? Geschosse, die vom Dach herab auf uns feuern und dabei die aggressive Tönung symbolisieren, die sich durch die gesamte Gesellschaft zieht. Für ‚Leere', für Muße und Ausgleich steht uns demnach heute weder im Kopf noch im Bereich der Dachböden freier Platz zur Verfügung.

Womit wir wieder bei der Anfangsthematik des Kapitels angelangt wären: der Enge. Der Verknappung des gedanklichen Spielraumes steht die dauerhafte Nutzung einst leerstehender Dachböden gegenüber. Beides findet eine Entsprechung in der weltweiten Verknappung an Lebensraum wie der Verringerung möglicher Handlungsspielräume durch menschenerzeugtes Wachstum. Erkennen wir hieraus die Gesetzmäßigkeiten des Lebens; nämlich daß alles Sichtbare über das Unsichtbare miteinander in Beziehung steht. Es ist Bewußtsein, die göttliche Kraft, die alles durchdringt, verbindet und am Leben hält.

Hinter allem Realen wirkt eine geistig-feinstoffliche Ebene: Das heißt bezüglich des Themas, wir können nicht anders planen, bauen und wohnen, als unser Bewußtsein es zuläßt. In der Art des Bauens wie der Nutzung unserer Häuser und Wohnungen spiegelt sich demnach unser Denken wider – ausgedrückt auch in der Redensart: »Ich bin in mir selbst zuhause.«

### Übung: Innere Räume – die Magie einer Körperreise

Sicherlich haben Sie eine Vorstellung von Tagträumen. Sie sitzen zum Beispiel am Schreibtisch und sind ein wenig abgelenkt. Plötzlich müssen Sie an irgend etwas aus Ihrer Wohnung denken, oder Ihnen fällt ein Urlaubserlebnis ein. Ganz unvermittelt formt sich dabei parallel zu dem Gedanken auch ein Bild davon in Ihrem Kopf. Eine derartige visuelle Vorstellung bezeichnen wir als ‚Tagtraum‘. In der hier vorgeschlagenen Phantasieübung möchte ich Sie bitten, so zu tun, als sei Ihr Körper ein Haus. Schließen Sie dafür die Augen und entspannen Sie sich. Stellen Sie sich vor, Sie würden Ihr Wesen symbolisch in ein imaginiertes Gebäude hineinprojizieren. Um sich wahrzunehmen, schauen Sie im Geiste erst einmal mental an Ihrem Körper hinab. Konzentrieren Sie sich auf die Beine und Füße (auf Fundamente und Keller also), und warten Sie, welches Motiv sich im übertragenen Sinn von allein einstellt. Später wandern Sie im Körper mit dem Hintergedanken nach oben, Sie seien selbst dieses Haus. Konzentrieren Sie sich auf mögliche Zimmer und Räume, und durchwandern Sie diese in Ihrer Phantasie. Schließlich gelangen Sie zum Dach, das den Kopf symbolisieren soll. Lassen Sie auch diesen Bereich als innere Vorstellung auf sich wirken, und betrachten Sie zum Schluß ‚Ihr Haus‘ noch einmal mit etwas Abstand. Die Magie der erlebten Bilder wird Ihnen helfen, durch Ihr inneres Haus einen neuen Zugang zu sich selbst zu finden. Schreiben Sie anschließend Ihre Erfahrungen im einzelnen auf und zeichnen Sie auch ein Bild davon, wie Sie durch das Haus ‚verkörpert‘ werden.

Hier einige kurze Auszüge aus einem Erfahrungsprotokoll zu einer derartigen Körperreise:

*Wenn ich daran denke, ich sei ein Haus, dann sehe ich als erstes meine schwachen Beine. Irgendwie scheint mein Haus nicht auf sehr festen Fundamenten zu stehen. Mir kommt die Assoziation ‚Treibsand‘. Das heißt, ich bin leicht beeinflußbar. Vielleicht muß ich mir eine Wohnung suchen, die von unten her stabiler aufgebaut ist.*

*Weiter oben sehe ich viel Unrat und Müll herumliegen. Aber mein Kühlschrank ist prall gefüllt. Ich bin also jemand, der gut vorsorgt, jedoch das Alte nur schlecht wegwerfen kann. Vielleicht ginge es mir insgesamt besser, wenn ich lernte, alte Erinnerungen und Muster schneller über Bord zu werfen.*

*Mein Haus hat mehrere Etagen. Überall ‚wuselt‘ es von Leuten. Manche schauen zum Fenster hinaus, manche unterhalten sich, und manche streiten miteinander. Mir fällt dazu ein, daß ich mich mit vielen Menschen auseinanderzusetzen habe, daß ich auch nicht immer das durchsetzen kann, was mir am wichtigsten erscheint.*

*Mein Dach wirkt recht gedrungen. Aus mehreren Schornsteinen raucht es. Vielleicht soll mir das die geistige Anspannung verdeutlichen, unter der ich gerade stehe. Ich fühle mich tatsächlich mächtig ‚unter Dampf‘. Ich muß mir wohl einfach wieder mal mehr Abwechslung verschaffen.*

Als Quintessenz stellt sich nun folgendes Bild. Wenn wir an die Zukunft denken, wünschen wir uns als Gegenbewegung zu Konsum, Autolärm, Hektik und Streß wieder mehr Menschlichkeit und Erdung. Wir träumen von Siedlungen oder Städten, zu denen wir eine Verbindung spüren und die uns zum Verweilen und Plaudern einladen. Eine Kombination aus Arbeiten, sozialen Kontakten und Erholung als Lebensalltag sollten sie zulassen, wobei in deren Zentrum nicht mehr unbedingt die Kirche als zentraler Platz, aber auch kein Kaufhaus und keine Gaststätte zu stehen bräuchte. Orte anziehender, positiver Schwingung sollten es sein, die uns helfen, wieder ins Gleichgewicht zu kommen und dabei Vergangenheit und Zukunft in Einklang zu bringen.

Sorgen wir dafür, daß die negativen Auswirkungen unserer Häuser und Wohnungen sowohl für den geistigen Bereich in uns wie auch für Körper und Psyche verringert werden. Oder positiv ausgedrückt: Schaffen wir uns gesunden Wohnraum, in dem es Spaß macht zu leben – Wohnraum, der in uns eine gewisse Tiefe erzeugt, der uns magisch anzieht und uns Kraft und Ruhe finden läßt; der unser ‚inneres Kind‘ genauso anregt, wie er unser ‚Höheres Selbst‘ mit einbindet, der Gelegenheit gibt, uns in ihm wiederzufinden, und der uns gleichzeitig auf unserem spirituellen Weg durch die Eigenart seiner Magie fördert.

*Müsset im Naturbetrachten*
*Immer eins wie alles achten:*
*Nichts ist drinnen, nichts ist draußen;*
*Denn was innen, das ist außen.*
*So ergreifet ohne Säumnis*
*Heilig öffentlich Geheimnis.*
*Freuet euch des wahren Scheins,*
*Euch des ernsten Spieles:*
*Kein Lebendiges ist Eins,*
*Immer ist´s ein Vieles.*

Johann Wolfgang von Goethe

# Symbole als Geheimnisträger

*Ein magisch handelnder Mensch ist selbst verantwortlich*
*für sein Leben und seine daraus entstehenden Taten,*
*somit natürlich auch für sein Wissen.*
Igor Warneck, Mystiker

Das Wechselspiel zwischen der unsichtbaren, magischen Welt und unserem bewußten Handeln und Denken findet über Träume, Zufälligkeiten und Symbole statt. Symbole drücken einerseits sinnbildlich etwas aus, ohne daß wir unbedingt viele Worte benutzen müssen. Sie überwinden problemlos die Begrenzungen des Intellekts. Andererseits sind Symbole aber auch Bilder, Gegenstände, Mandalas oder Zeichen, die im übertragenen Sinn für einen nicht wahrnehmbaren Sachverhalt stehen. Das Zeichen des Fisches, der nach links schwimmt, um nur eines herauszunehmen, steht beispielsweise für christliches Denken und Organisiertsein. Dabei bezieht sich der stilisierte Fisch auf Jesus, der seine Apostel als ‚Menschenfischer' ausgab. Etwas, was heute dafür steht, Bekehrte in die Kirche zu bringen und die Einflußsphäre des christlichen Glaubens zu vergrößern.

Es gibt so etwas wie eine Sprache der Symbole. Diese ist weitaus beredter als Worte. Sie kann den menschlichen Geist aufrütteln, das ‚Ich' schützen, aber auch Entwicklungsprozesse einleiten und selbst das Leben von Gesellschaften umformen. Aus diesem Grund haben politische Bewegungen der Neuzeit ganz gezielt Symbole wie geballte Faust, Hakenkreuz oder Liktorenbündel verwendet. Auch sämtliche Konzerne lassen sich leicht über Symbole erkennen. Denken wir nur einmal an den Schrägstrich im Viereck der Deutschen Bank, die lila Kuh bei Milka oder den Stern bei Mercedes.

Schon vor vielen hundert Jahren kannten drei der Weltreligionen, das Judentum, das Christentum und der Islam, die Kraft der Symbole. Man wußte schon damals, daß Bilder lauter als Worte sprechen können und daß ihr Eindruck länger als alles andere anhält. Deshalb wählte man den Stern, das Kreuz und den Halbmond, um die Macht des jeweiligen Glaubens zu vergrößern. Ziel war es, Herz und Geist des Menschen in seinen ‚Besitz' zu bringen.

Als Erkennungszeichen eingesetzt, kommt es im Kontext von Symbolen natürlich darauf an, daß jemand weiß, wofür sie stehen oder wie man sie verwendet. Für jemanden, der nicht in die Hintergründe eingeweiht ist, der nicht weiß, was jemand mit einem Symbol verbindet, für den bleibt der zuvor angesprochene Fisch lediglich ein Fisch, den man als schön anzusehenden Aufkleber auf vielen Autos, manchmal auch neben der Silhouette der Insel Sylt oder dem Emblem von Disneyland finden kann. Diejenigen, die statt dessen wissen, wofür ein Symbol steht, erkennen sich daran, auch ohne voneinander etwas zu wissen. In diesem Fall ist das Symbol somit Ausdruck einer Gesinnung. Es verbindet und stärkt gleichzeitig die geistige Haltung, die dahinter verborgen ist.

Gespeist werden Symbole durch etwas, was sich am ehesten mit dem Begriff des morphischen Feldes nach Sheldrake erklären oder zumindest beschreiben läßt. Ihm zufolge existiert für alles, unabhängig von Raum und Zeit, so etwas wie ein unsichtbares, feinstoffliches Feld. Dieses wird dadurch »genährt«, daß bestimmte Handlungen seit Menschengedenken immer wieder mit dem gleichen Vorsatz durchgeführt werden. Bedingt durch diese immerwährenden Wiederholungen, wird ständig mehr Energie als geistige Information zu diesen Handlungen in das morphische Feld eingespeist. So schöpfen Symbole, wenn wir sie heutzutage verwenden, ihre Kraft aus einer Resonanzbeziehung zur unsichtbar-energetischen Welt. Gleichzeitig vollziehen sie auch wiederum eine Rückbindung zu dem spezifischen Feld und führen diesem erneut zusätzlich Energie zu.

Ein wenig anders verhält es sich allerdings mit denjenigen Symbolen, die wir selbst entwickeln. Diese können ihre Kraft nicht aus zum Teil jahrtausendealten Praktiken und Wiederholungen ziehen, sondern entwickeln ihre Wirkung im Hier und Jetzt, indem wir sie durch unsere eigenen Energien stärken. Ursprünglich als Teil von uns, als Teil unserer Aura in Bewegung gesetzt, wirken sie weiter, auch wenn wir nicht in ihrer Nähe sind. Allerdings ist es schon wichtig, einen Ort, an dem wir ein bestimmtes Symbol aufgestellt oder ausgelegt haben, in der Anfangszeit regelmäßig aufzusuchen, um die Wirkung des Symbols zumindest geistig zu stärken.

*»Von einem Bekannten erhielt ich vor einigen Monaten die Zeichnung eines Mandalas geschenkt, die ich mir einrahmte und auf die breite Fensterbank in meinem Arbeitszimmer stellte. Komischerweise hat es*

*mich Morgenmuffel seit der Zeit gereizt, morgens früher als sonst auf-*
*zustehen, eine Kerze neben dem Mandala anzuzünden und die*
*Ausstrahlung auf mich einige Minuten wirken zu lassen. Ich habe inzwi-*
*schen das Gefühl, mehr Erfüllung im Leben zu spüren.«*

Symbole enthalten aufgrund der bildhaften, darstellenden Form immer
beide Seiten der Polarität. Sie schließen im besten Falle nichts aus, sondern
integrieren beides zu einer Ganzheit. Wollen wir sie als Kraftwerkzeuge einsetzen, so kommt es, wenn wir traditionelle Motive verwenden wollen, allerdings darauf an, zu wissen, für welchen Zweck sich diese überhaupt einsetzen lassen. Aus diesem Grund möchte ich Ihnen hier einige der wesentlichsten und bekanntesten Symbole, die sich besonders gut im Rahmen des
Wohnens anwenden lassen, kurz erklären und herleiten.

### YIN-UND-YANG-ZEICHEN

Das Yin-und-Yang-Zeichen ist etwas, das heutzutage weltweite Verbreitung
erlangt hat. Ursprünglich aus China stammend, symbolisiert es alle
komplementären Kräfte im Universum, es stellt das vollkommene
Gleichgewicht zwischen der weiblichen (Yin) und der
männlichen Energie (Yang) dar.

Yin steht dabei für die Urwasser, die passive,
instinktive Natur, die Seele, die Kontraktion, das
Negative, das Weiche und Geschmeidige. Es
wird durch alles, was dunkel ist und zum feuchten Prinzip gehört, symbolisiert, wie zum
Beispiel die Farbe Schwarz, ein Tal, Bäume,
Nachttiere und Wesen, die in der Regel im Wasser
oder an feuchten Orten leben. Yang hingegen ist das
aktive Prinzip, der Geist, das Rationale, die Höhe, die
Ausdehnung, das Positive, das Harte und Unnachgiebige und wird dargestellt
durch alles, was hell, trocken, länglich und hoch ist.

Möchte jemand dieses Zeichen nun im Sinne des magischen Wohnens
benutzen und nicht nur einfach als Modeschmuck tragen oder als Wandbild
aufhängen, so kommt es darauf an, sich erst einmal mit der Symbolik zu beschäftigen, die dahintersteht. Das heißt, man muß die Tiefe des Symbols

gedanklich oder meditativ durchdringen, um die Kräfte, die es verkörpert, an sich zu binden. Erst müssen das Wesen des Symbols, der Zusammenhang zyklischer Umwälzungen und gleichzeitiger Totalität, die Polarität der beiden einander sich ergänzenden wie bedingenden Urprinzipien erkannt werden, ehe man das Zeichen für sich nutzen kann. Andernfalls bliebe es nur eine Hülle ohne Inhalt.

Nichts ist besser, nichts ist schlechter auf der Welt. Alles gehört zu einem Ganzen und unterliegt einer ‚höheren Ordnung‘, die wir erst langsam zu erkennen lernen. Im Gegensatz zu den weiter unten dargestellten Schutzzeichen setzt das Yin-und-Yang-Symbol auf einer höheren Ebene an. Es spiegelt uns die Einheit und hilft uns zu erkennen, wie stark wir nach wie vor der Dualität verhaftet sind.

Wenn uns das Yin-und-Yang-Zeichen als höchstes, untrennbares Symbol der Integrität und kreativen, wechselseitigen Ergänzung zwischen den Gegensätzen im gesamten Universum auf unserem spirituellen Weg begleiten und leiten soll, so ist es ratsam, es an Orten der Wohnung anzubringen, die wir oft ansteuern, wo es aber dennoch als Zeichen oder Schmuck nicht sofort jedem anderen ins Auge fällt (egal ob Familienmitglied oder Besucher).

## SECHSZACKIGER STERN

Das westliche Äquivalent zum Yin-und-Yang-Zeichen ist der sechszackige Stern. Er vereint zwei Dreiecke im Kreis: das eine mit der Spitze nach oben als solar-männliches Prinzip, das andere mit der Spitze nach unten als lunar-weibliches Prinzip. Damit symbolisiert der Stern die Schöpfung. Außerdem ist er auch bekannt als ‚Davidstern‘.

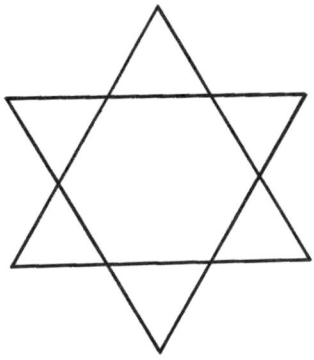

## DAS GEDEIHEN

Bei diesem Zeichen handelt es sich um ein Hexagramm, das aus dem chinesischen I-Ging entnommen wurde. Genannt wird das Zeichen »das Gedeihen« und steht für die friedliche Atmosphäre, die ideale Bedingungen für inneres und äußeres Wachstum zur Verfügung stellt.

Das Symbol hilft Ihnen, Ihre Kontakte zu anderen Menschen äußerst fruchtbar zu gestalten. Es steht auch für positive Geselligkeit. Außerdem sorgt es durch seine Kraft dafür, daß sich alles um Sie herum auf Harmonie einpendelt, was auch den Bereich der persönlichen Gesundheit einschließt. Der obere Teil steht im übrigen für die Erde und der untere für den Himmel, was die Gegensätzlichkeiten in umgekehrter Reihenfolge als zu durchdringende Elemente verstanden wissen will.

## DAGAZ

Ursprünglich aus dem Bereich der Runen stammt das Dagaz-Zeichen. Es verkörpert die Ausgewogenheit der Gegensätze und fördert den Ausgleich durch endloses energetisches Fließen in einer unendlichen Bahn. In der hier dargestellten Form bietet es Häusern und Wohnungen in erster Linie Schutz vor negativer Schwingung.

## OTHALA

Ein zweites Symbol, welches ebenfalls aus dem Bereich der Runen stammt, ist »Othala«. Dieses können wir einsetzen, um einerseits auf Familie oder Gemeinschaft, in der wir uns zu Hause fühlen können, hinzuarbeiten oder um eine bereits bestehende Gemeinschaft zu bewahren oder zu schützen. Allerdings geht es in diesem Zusammenhang nicht einzig und allein nur um Harmonie, sondern auch um Diskurs und lebendige Auseinandersetzung.

Denn erst hierdurch lernen wir uns wirklich kennen. Wenn man ganz genau hinsieht, so läßt sich an vielen alten Gebäuden im Dachfirst dieses

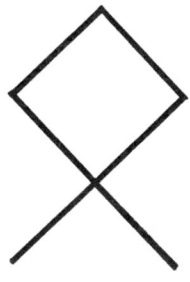

Zeichen wiederfinden. Angebracht haben es die früheren Generationen, um das Bauwerk und seine Bewohner zu schützen. Heute an der Fassade von Gebäuden oder an Haustüren angebracht, wird dieses Symbol uns zu einer Vielzahl neuer Begegnungen verhelfen. Begegnungen, die vielleicht nicht immer ganz einfach sein werden, die uns jedoch auf unserem Weg weiterbringen können, wenn wir die Chance dazu ergreifen.

## SALOMONISCHER KNOTEN

Der »Salomonische Knoten« ist ein zentrales Hilfsmittel im Bereich der Weißen Magie. Das Symbol schützt vor der negativen Beeinflussung durch dunkle Kräfte. Als Knoten aus Kordeln geflochten und als Amulett getragen, sorgt er beim Zelebrieren von Zeremonien dafür, daß alle Kräfte abgewiesen werden, die die heilige Handlung stören könnten. Seinem Träger verspricht der Knoten darüber hinaus Weisheit und Weitsicht.

## ANTAHKARANA

Beim »Antahkarana« handelt es sich um ein tibetisches Meditations- und Heilungssymbol. Dreidimensional betrachtet entspringt es einem Würfel. Bringt man es zur Anwendung, so trägt es dazu bei, das Ch'i auf allen Ebenen des Seins zirkulieren zu lassen. Außerdem kann es zur Auflösung von negativer Energie in Menschen und Gegenständen beitragen. So gesehen ist es ein positives, heiliges Symbol.

## CHO-KU-REI-ZEICHEN

Das Cho-Ku-Rei-Zeichen gehört zum engeren Bereich der Reiki-Symbole. Im wesentlichen dient es dem Zweck, das gegenwärtige Energieniveau anzuheben. Es läßt sich aber auch dazu einsetzen, einen Schutz für Wohnung und Bewohner bereitzustellen. Das Symbol selbst bringt Göttlichkeit in die betroffenen Energiefelder. Wichtig ist natürlich auch hier die Absicht, zu der wir das Symbol nutzen wollen. Ist es die Kraftverstärkung, die wir bezwecken wollen, so rufen wir sie hiermit auch hervor. Ist es der Wunsch nach Schutz, so stärkt es diesen Aspekt.

## WASSERZEICHEN

Ist »Wasser« zeichnerisch dargestellt, bezieht es seine Kraft als Quelle aller Möglichkeiten. Wasser symbolisiert dabei die Große Mutter und steht in Zusammenhang mit Geburt, weiblichem Prinzip, Weltenschoß, Fruchtbarkeit und Stärkung. Sich mit Wasser zu umgeben heißt, sich besser zu schützen. Darüber hinaus hält es den Raum, den es umgibt, rein und macht ihn zu einem geweihten Ort.

## SIRIUS

Das Sirius-Symbol steht in erster Linie dafür, nicht gegen, sondern im Fluß der geistigen Gesetze zu leben und zu wandeln. Dort, wo das Zeichen angewendet wird, sorgt es für Heilung, Liebe und Weisheit. Es neutralisiert in seiner Umgebung Zwietracht und Machtstreben und fördert statt dessen die Freude am Austausch sowie Kreativität und Kommunikation.

# MANDALA

Ein »Mandala« ist ein Diagramm, wobei typischerweise ein Kreis die restliche Darstellung umschließt. Dieser Kreis soll den Schutz des sich darin befindlichen heiligen Raumes symbolisieren und damit das Vordringen zum eigentlichen Zentrum ermöglichen.

*Gotisches Symbol*
*»Rosenfenster«*

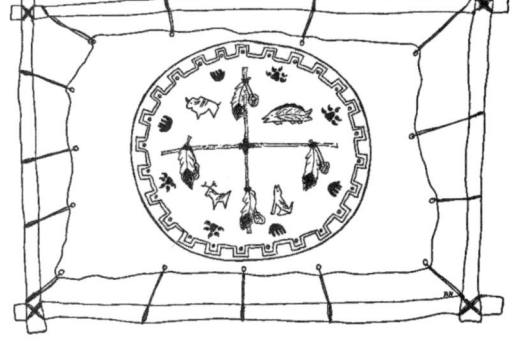

*Indianisches*
*Schutz-Mandala*

# KREUZ

Das Kreuz ist eines der ältesten und allgemeinsten Symbole. Schon viele Jahrhunderte vor der christlichen Zeit war es als sogenanntes ‚heidnisches Symbol' weit verbreitet. Der Grund für die Bevorzugung dieses Zeichens war sicherlich seine Einfachheit, aber auch Ausdruckskraft. Die vier Arme des Kreuzes weisen in alle vier Richtungen und drücken damit etwas Allumfassendes aus. Ursprünglich verwendeten die alten Assyrer das Kreuz als Zeichen des Himmels und des Himmelsgottes Anu – auch stand es symbolisch für die Macht der Sonne. Später sah man darin das Zeichen der ‚Weltachse', einer Brücke, die Himmel und Erde verband, wie auch einer Leiter, mit der sich der Mensch Gott nähern konnte. Wiederum später stellte man die Ähnlichkeit zwischen einem Kreuz und einem Schwert heraus und leitete daraus eine Waffe ab, die gegen alles Böse geschwungen werden konnte.

*Das lateinische Kreuz*        *Das ägyptische*        *Das Andreaskreuz*
                                *Henkelkreuz*

Im Kontext von Wohnungen eingesetzt, kann das Kreuz zu einem Symbol für Fruchtbarkeit werden, da es auf die Quellen der Wärme, des Windes und der Fruchtbarkeit hinweist. Auch kann es uns den Baum des Lebens symbolisieren, wenn wir es aus zwei frischen Weidentrieben zusammensetzen und in die feuchte Gartenerde stecken.

✳

Ich habe Ihnen hier natürlich nur einige der bekanntesten und wichtigsten universellen Zeichen vorstellen können. Außerdem habe ich auch nur solche Symbole ausgewählt, die sich einfach darstellen lassen. Neben diesen gibt es jedoch auch noch den Bereich der persönlichen Zeichen. Das sind Zeichen, die nur für Sie selbst oder eine bestimmte Personengruppe eine symbolische Bedeutung besitzen. Nur Sie oder diese Gruppe würde damit etwas ganz Bestimmtes verbinden. Aber genau wie die universellen können auch die persönlichen Symbole nur dann ihre magische Kraft tatsächlich entwickeln, wenn ihre inneliegende Kraft, wie weiter oben gehört, mit Hilfe von Ritualen und zeremoniellen Handlungen gezielt »geweckt« wird. Im übrigen schenkte mir ein Freund ein von ihm gezeichnetes Mandala gerade in der Zeit als individuelle Botschaft, als ich intensiv mit dem vorliegenden Kapitel beschäftigt war. Dieses Mandala beglei- tet mich seither, wenn ich Seminare oder Schulungen anbiete. Es erinnert mich daran, daß alles auf der Welt aus Geben und Nehmen besteht – eben aus ‚Begegnungen‘.

Kommen wir anschließend dazu, wie sich Symbole und Schutzzeichen überhaupt konkret einsetzen lassen. Dies läßt sich im Grunde genommen gar nicht einheitlich vorschreiben, denn die Art der Anwendung richtet sich nach den Örtlichkeiten und Zielsetzungen. Manchmal benötigen Sie dann auch noch Utensilien, die Sie erst besorgen müssen. Grundsätzlich lassen sich allerdings drei Bereiche für den Einsatz von Symbolen sowie Heil- und Schutzzeichen gegeneinander abgrenzen.

### Die Verwendung von Symbolen im Freien

Sie können Zeichen und Symbole zum Beispiel
➤ mit Kreide oder Kalkfarbe an Zaunpfähle, Bäume, Pfosten oder die Haustür schreiben (evtl. mit Lackfarbe schmal und unscheinbar auftragen);
➤ als Blumengesteck an Haustür, Fenster und Türen hängen;
➤ aus Sägespänen auf den Rasen, zwischen die Beete, unter Bäumen etc. ausstreuen;
➤ aus schwarzen, weißen oder farbigen Kieselsteinen in die Gartengestaltung integrieren;
➤ mit Salz zu Formationen ausstreuen;
➤ mit geweihtem Wasser an die Fassade sowie die Fenster streichen;
➤ aus Blumen im Garten anordnen;
➤ im Fundament oder in die Wände einlassen;
➤ an Fassade oder Dachbereich als Ornament anbringen.

*Ausgelegtes indianisches Medizinrad im Garten*

### Die Verwendung von Symbolen innerhalb der Wohnung

Innerhalb gebauter Räume können Sie Ihre Zeichen
➤ als gemaltes Bildmotiv an einer Wand anbringen; entdecken Sie hierzu den Künstler in sich selbst und entwerfen Sie ein persönliches Motiv;
➤ als Relief auf Fensterbänken oder Regalen auslegen; hier sind Plätze ratsam, an denen die Zeichen nicht so leicht durch Unachtsamkeit zerstört oder beeinträchtigt werden können;

➤ in Wolldecken und Tücher einsticken – diese können gezielt ausgelegt, getragen oder aufgehängt werden;
➤ als speziell gestaltete Möbelstücke verwenden – als Einrichtungsgegenstände also, die für Sie eine ganz besondere Bedeutung besitzen;
➤ als Foto benutzen; hierbei kann etwas Spirituelles, Meditatives oder auch etwas Persönliches, wie ein Urlaubsfoto, zur Anwendung kommen;
➤ mit Milch und Pinsel auf ein weißes Blatt Papier malen.

## Symbole für den persönlichen und innerlichen Gebrauch

Hierzu wäre es zum Beispiel denkbar, daß Sie Symbole
➤ vor dem geistigen Auge visualisieren;
➤ innerlich denken, innerlich sprechen und dann »abschicken«;
➤ immer wieder zur Verstärkung mit dem Finger irgendwo hinzeichnen;
➤ daran denken und sich ihrer Wirkung vergewissern;
➤ als Amulett tragen.

### Übung: Wie finde ich das richtige Symbol für meinen Zweck?

Überlegen Sie sich erst einmal, für welchen Zweck Sie ein Symbol möglicherweise einsetzen wollen.
Dann nehmen Sie sich die Darstellung der Symbole aus diesem Buch zur Hand und befragen sich, welches hiervon wohl am ehesten eine Hilfe sein könnte. Dies kann mental geschehen, indem Sie einfach mit den Augen über die Abbildungen wandern, bis Sie irgendwo stehenbleiben, es kann aber auch mit einem Hilfsmittel geschehen (Energiesensor, Pendel, intuitives Reiki), welches Ihnen das richtige Symbol anzeigt. Oder Sie verwenden den ‚Zufallsgriff‘, indem Sie erst einmal alle in Frage kommenden Symbole auf Kärtchen zeichnen und dann irgendeines mit geschlossenen Augen herausgreifen. Natürlich können Sie auch die vermerkten Erklärungen benutzen und ‚Ihr‘ Symbol nach dem Bereich seiner Kraft auswählen.
Ein weiterführender Schritt bestünde darin, mit Hilfe Ihrer Kreativität und Phantasie zu versuchen, ein eigenes Zeichen oder Mandala zu entwickeln. Wenn Sie sich nun für ein Symbol ent-

schieden haben, so versuchen Sie bitte, die darin enthaltene Kraft zu spüren. Zeichnen Sie es auf ein Blatt Papier und lassen Sie es einmal mit offenen, einmal mit geschlossenen Augen auf sich wirken. Betrachten Sie es also anfangs intensiv, schließen Sie dann Ihre Augen, öffnen Sie diese wieder usw. Auf diese Weise finden Sie heraus, welche Art von Energie in dem Zeichen (Mandala) eingeschlossen ist. Zusätzlich wird sich in Ihnen eine Ahnung davon entwickeln, was gerade dieses Zeichen Ihnen sagen will.

Nun noch einige Gedanken zum Ende des Kapitels für diejenigen, die immer noch behaupten, Rituale und Symbole seien Relikte aus sogenannten »heidnischen Kulturen« und würden nicht mehr in unsere Zeit passen.

Niemand käme wohl heutzutage auf die Idee, daß unser Weihnachtsfest etwas mit kultisch-magischen Prinzipien zu tun haben könnte. Und dennoch ist das so. Der grüne Tannenbaum, zum Beispiel, mit seinen brennenden Kerzen galt ursprünglich dem heidnischen Brauch, die Wintersonnenwende zu feiern. In dieser Zeit schien die Natur tot zu sein, so daß grüne Zweige und Bäume verwendet wurden, um die Rückkehr der Vegetation und den Sieg des Lichtes über die Dunkelheit zu sichern.

Später wurde der Baum als direkter Abkömmling des Weltenbaumes der nordischen Mythologie gesehen, dessen Äste und Wurzeln Himmel, Erde und Hölle verbanden. Der Baum wurde als Symbol des ewig sich erneuernden Lebens angesehen und das Grün als Symbol der Unsterblichkeit.

Ein Symbol, das seit langen Zeiten zum Einsatz kam, ist natürlich das Motiv der ‚Schützenden Hände‘, verbunden mit dem Spruch:

*Herr, schütze unser Haus*
*und alle, die da gehen ein und aus.*

# Das Zuhause: »Ein lebendiges Wesen mit Seele«

*In der Geomantie existiert das Weltbild, daß es sich bei energetischen Phänomenen um etwas ‚Wesenhaft-Lebendiges‘ handelt; sozusagen um wahrnehmbar gewordene Erscheinungen der jenseitigen oder geistigen Welt.*
Hans-Jörg Müller, Landschaftskünstler

Kennen Sie das? Sie betreten eine fremde Wohnung, und sofort beschleicht Sie ein angenehmes Gefühl von Vertrautheit und Geborgenheit. Ohne zu wissen warum, fühlen Sie sich positiv aufgenommen von dem Ambiente der ganzen Atmosphäre. Alles um Sie herum hat eine geklärte, reine, behagliche Schwingung und spricht Sie ganz einfach an. Andersherum kann es jedoch auch vorkommen, daß Sie Kälte oder etwas Abweisendes verspüren. Womöglich fühlen Sie sich unbehaglich und betreten diese Wohnung nur widerwillig. So, wie es unlängst einer Klientin erging, die diesbezüglich zu mir meinte, das Haus, welches sie jetzt mit ihrer Familie bewohne, habe von Anfang an auf sie einen völlig abweisenden Eindruck gemacht. »*Es schien so, als würde es mich auf ganz eigenartige Weise ablehnen.*«

Natürlich kann es sein, daß sich der erste Eindruck später relativiert und wir unsere Anfangseindrücke vergessen. Und dennoch bleibt die Frage offen, wie sich ein derartiges Phänomen erklären läßt. Projizierten wir unsere persönlichen Reaktionen auf die Gegebenheiten, die wir vorfanden, oder sollte es möglich sein, daß die betreffende Wohnung so etwas wie einen eigenständigen Charakter besitzt, den wir wahrnehmen können?

Zur Beantwortung dieser Frage möchte ich Ihnen eine kurze Übersicht über die unterschiedlichen Formen geben, in denen sich »Leben« offenbart. Anstelle von »Leben« ließe sich im übrigen auch von »Bewußtsein« oder von »Licht-Energie« sprechen. Auf der höchsten Stufe des Bewußtseins ist etwas angesiedelt, was wir mit »Erleuchtung« oder »Heilig-Werdung« bezeichnen können. Konkret handelt es sich in einem derartigen Fall um jemanden, der wie Jesus ein Christusbewußtsein erlangt hat und demzufolge über eine immens hochfrequente Ausstrahlung verfügt. Das Stadium von Erleuchtung wird dann erreicht, wenn sich jemand von den niederen Ebenen des Menschseins gelöst hat und reine Liebe ausstrahlt. Er gelangt in einen Zustand, in dem er sein Bewußtsein aus der Welt der Wirkungen in die Ebene der Ursachen zu heben versteht.

Eine Stufe tiefer treffen wir auf das Bewußtsein, das sich in einem normalen Menschen offenbart. Dieser verfügt zwar nicht mehr über die direkte Verbindung zur göttlichen Energie, ist sich im Gegensatz zu den Tieren, die eine Stufe tiefer angesiedelt sind, jedoch seiner selbst bewußt und in der Lage zur Selbstreflexion.

Das Bewußtsein, welches sich in Tieren offenbart, steht auf der dritten Stufe. Tiere besitzen einen Körper, durch den sie mobil sind, suchen Nahrung, fressen, verdauen und verfügen zusätzlich zur Pflanze über Triebe, Instinkte, Begierden und niedere Formen von Gefühlen. Im Tier sind die materielle, die vegetativ-belebende und die animalische als dritte Kraft aktiv und verfügbar.

Die nächsttiefere Stufe ist das Pflanzendasein. Hier existiert neben der materiellen nur noch eine belebende vegetative Kraft. Die Pflanze ist sich zwar ihrer eigenen Existenz noch nicht bewußt, doch reiht sie sich durch die Aufnahme von Nahrung sowie durch Verdauung (Assimilation) und Fortpflanzung in den Kreislauf des Lebens ein.

Auf der untersten Stufe der Schöpfung schließlich ist der Bereich der Materie angesiedelt. Es mag Sie womöglich irritieren, aber selbst anorganische Strukturen wie Steine verfügen noch über so etwas wie Bewußtsein. Sogar sie besitzen ein unbewußtes Verständnis von der Aufgabe, die sie im Rahmen der Schöpfung zu erfüllen haben. In ihnen spielen sich, physikalisch gesehen, eine Unmenge kleinster energetischer Prozesse in ihren innersten Kernen ab. Diesen Umstand belegen nicht nur neuere Ergebnisse der Atomphysik, sondern auch im Bereich von Chemie, Biologie oder Medizin setzt sich allmählich ein derartiges Verständnis durch. Ein Verständnis, das sich in seinen Wesenszügen immer mehr dem uralten Wissen mystischer Schulen und überlieferter Naturphilosophien annähert.

Übertragen wir nun das Wissen um die unterschiedlichen Ebenen, auf denen sich Bewußtsein offenbart, auf den Bereich des Bauens und Wohnens, so müssen wir einsehen, daß selbst in so etwas wie ‚toter Materie‘, woraus ja schließlich Häuser in erster Linie gebaut werden, lebendige Energie in Form einer bestimmten Grundinformation enthalten ist. Gemeinsam mit dem, was wir uns an Teppichen, Möbeln, Lampen, Bildern, Pflanzen oder auch Nahrungsmitteln ins Haus hereinholen, handelt es sich demzufolge bei allem um Fragmente an belebter Natur, somit also um etwas, was schwingendes Bewußtsein enthält.

Zwar werden die verwendeten Materialien in vielen Fällen durch die modernen Fertigungsmethoden stark beeinflußt, verändert und in ihrer Lebenskraft oftmals äußerst beeinträchtigt, und dennoch verfügt jedes Teil über Reste einer Lebenskraft, die wir zwar vielleicht erahnen, nicht jedoch konkret fassen können und auf die ich unter dem Stichwort Ch'i und auch Reiki hinweise.

Unlängst konnte im übrigen ein Aspekt dieser Lebensenergie durch den Biophysiker Fritz Albert Popp, der sich mit der Zellstrahlung lebendiger Systeme beschäftigt, auch experimentell nachgewiesen werden. Er fand heraus, daß lebendige Zellen ein besonderes Licht produzieren. Popp ist jetzt mit Hilfe der Biophotonenmessung in der Lage, den Grad an Lebendigkeit festzustellen, die jedem Wesen innewohnt.

Ein Türrahmen aus Holz zum Beispiel bleibt, selbst wenn er kunstvoll bearbeitet und angestrichen ist, immer noch ein Teil eines Baumes. Das heißt, in einem Türrahmen ist immer auch die Information des Ganzen enthalten, zu dem er seinerzeit gehört hatte – selbst wenn der Anteil an Lebenskraft mit dem Grad an Bearbeitung sinkt. Mit dem Fällen endete zwar das biologische Leben des Baumes, doch die Information, was er einmal war, wie er versorgt und auch, wie er bearbeitet worden ist, bleibt in dem Holz enthalten, solange es noch eine Form besitzt. Erst, wenn sich das Holz im Rahmen der natürlichen Prozesse durch Verrottung zersetzt oder durch Feuer ausgelöscht wird, enden auch weitgehend dessen Grundinformation und seine Ausstrahlung.

Natürlich wird vor diesem Hintergrund deutlich, wie wichtig die Verwendung von natürlichen Baustoffen – trotz aller anderslautender Propaganda – gerade heute ist. Insbesondere wenn wir uns das Wissen um die Bedeutung von Lebenskraft vergegenwärtigen, die in natürlichen Systemen enthalten ist, sollte uns deutlich werden, wie falsch der Weg ist, Baustoffe zu verwenden, die stark behandelt und in ihrer Zusammensetzung weitestgehend verändert sind. Zwar enthalten zum Beispiel auch Spanplatten noch zu

80 Prozent Holz, doch ist dieses so stark maschinell aufgearbeitet und mit neuen Stoffen vermischt, so daß dieses neue Werkmaterial, abgesehen von einem minimalen Rest, über keinerlei lebendige Kraft mehr verfügt.

Die Verwendung derart veränderter Stoffe hat in den letzten Jahrzehnten immens zugenommen. Demzufolge haben wir uns mit einer zunehmend leblosen Struktur umgeben. Als Prototypen hierfür sei an Substanzen erinnert, die aus Kunststoffen, Polystyrol, PVC und ähnlichen Produktionen stammen. Möglicherweise aber spiegelt uns diese Tendenz auf der materiellen Ebene aber auch nur genau den Zustand wider, in den immer mehr Menschen unbemerkt hineingeraten – in einen Zustand psychischer Leblosigkeit nämlich, verbunden mit Langeweile, Frustration, innerer Unruhe, Ängsten und Depressionen. Das Leben des einzelnen wird sozusagen immer weniger lebenswert.

### Übung: Wie lebendig ist mein Haus, meine Wohnung?

Mit Hilfe eines Pendels können Sie für sich feststellen, über wieviel Lebenskraft Ihr Haus als Ganzes verfügt. Die Übung ist im Grunde genommen ganz einfach.

Sie setzen sich für ein paar Minuten ruhig hin und nehmen mental Kontakt zu Ihrem Haus auf. Dann nehmen Sie ein Pendel und stellen die Frage: »Enthält mein Haus mindestens 10% an Lebenskraft?« Antwortet das Pendel mit Ja, so fragen Sie: »Enthält es auch 20 Prozent an Lebenskraft?« Auf diese Weise erhöhen Sie den Prozentsatz, bis es irgendwann »nein« anzeigt. Wenn es Ihnen lieber ist, können Sie auch in kleineren Zahlenabständen weitergehen.

Analog dazu können Sie auch einzelne Zimmer, bestimmte Ecken wie auch Einrichtungsgegenstände auf den Grad ihrer Lebendigkeit mit Hilfe des Pendels abfragen. Sie stellen deshalb innerlich den Kontakt zu dem betreffenden Detail her, über das Sie sich Klarheit verschaffen wollen (zum Beispiel zu einem Schrank) und pendeln nun im einzelnen dessen Prozentzahl aus. Auf diese Weise erhalten Sie einen deutlichen Hinweis darauf, welche Stellen des Hauses energetisch in Ordnung sind und welche über keinerlei Lebenskraft mehr verfügen.

Menschen, die in der Lage sind, sich sehr gut zu konzentrieren, können die Grade an Lebendigkeit auch ohne das Pendel abfragen. Lassen Sie die Qualität der einzelnen Teile der Wohnung auf sich wirken, und fragen Sie sich innerlich, welche Prozentzahl Ihr Unterbewußtsein Ihnen hierzu mitteilt. Vielleicht wird Ihnen diese Methode als nicht ganz so genau wie die andere erscheinen, aber eine Tendenz werden Sie auch so erspüren.

Dies ist jedoch nur die eine Seite der Medaille, warum wir uns in manchen Wohnungen ganz einfach besser, froher oder lebendiger fühlen als in anderen. Das Wissen um die Bedeutung an natürlicher, lebendiger Schwingung, die wir uns in Form der verwendeten Materialien ins Haus holen, bedarf noch der Erweiterung. Deshalb nun zu einem zweiten Gesichtspunkt.

Aufgrund der gebauten und gestalteten Form, inklusive der verwendeten Rohstoffe und der inneren Haltung, mit der sie erbaut und später bezogen wie auch behandelt und bewohnt wird, entwickelt sich in jeder Wohnung mit der Zeit so etwas wie ein eigener Geist. Man könnte auch sagen, die Wohnung erhielte mit der Zeit eine Seele, ein Gesicht; etwas, was man einerseits selbst einleitet, was sich auf der anderen Seite jedoch allmählich auch selbst kreiert. Mit anderen Worten bedeutet das, wir stellen durch die Auswahl der Wohnung inklusive der Einrichtung den äußeren Rahmen zur Verfügung und geben damit gleichzeitig eine unbewußte Aufforderung an die geistige Welt, diesen mit Inhalt zu füllen.

So betrachtet, vollzieht sich hier ein ähnlicher Vorgang, wie er sich auch bei Mensch und Tier abspielt, wenn ein Körper beseelt wird. Damit gemeint ist derjenige Vorgang im Mutterleib, bei dem sich eine Seele aus dem Jenseits während der Schwangerschaft an ein werdendes Leben bindet, mit dem es von nun an bis zu dessen leiblichem Tod unzertrennbar vereint bleibt. Vergleichbar, wie es sich beim werdenden Leben abspielt, haben bestimmte Seelen eben auch die Aufgabe, auf unbestimmte Zeit das Wesen von Häusern und Wohnungen mit Geist zu erfüllen und zu prägen.

Demzufolge ist es in diesem Zusammenhang von vorrangiger Bedeutung, mit welcher inneren Haltung jemand seiner Wohnung begegnet, wie er sie einrichtet und was er von ihr erwartet. Denn analog dazu wird sich auch ein guter oder eben böser Geist in den vier Wänden niederlassen. Wir haben es in der Hand, die Geister zu rufen, die wir bei uns haben möchten. Leider ist vielen Menschen dieses Wissen unbekannt, so daß sie sich oft verständnislos fragen, was da eigentlich um sie herum passiert.

## Übung: Kontakt zur unsichtbaren Seite herstellen

Wenn Sie etwas mehr über den ‚Geist Ihrer Wohnung‘ herausfinden möchten oder wissen wollen, inwieweit sich auch andere Wesenheiten Ihrer ‚vier Wände‘ bedienen, so vollziehen Sie folgende kurze Meditation:
Setzen Sie sich bitte mit dem Rücken gegen eine Wand, und legen Sie sich eine Decke um. Sollten Sie einen Talisman oder andere Utensilien besitzen, die Ihnen innere Stärke geben, so halten Sie diese in den Händen. Nun entspannen Sie Ihren Körper, bleiben aber geistig ganz wach und schwingen sich auf Fragen ein, über die Sie gern mehr Aufschluß erhalten würden. Zum Beispiel, welche Kräfte in Ihrer Wohnung wirken, wie Haus oder Wohnung symbolisch wahrgenommen werden und auch, welche Arten von Wesenheiten möglicherweise noch um Sie herum hier vorhanden sind. Dann bleiben Sie einfach ganz ruhig und spüren mit Hilfe Ihrer magischen Wahrnehmungsfähigkeiten, welche Phänomene sich Ihnen zeigen. (Gesetzt den Fall, es macht Ihnen Angst, auf eine derart tiefe Ebene der Realität zu gehen, so wäre es sicherlich vorteilhafter, die Übung mit anderen gemeinsam durchzuführen.)

Kommen wir zurück zum Thema gesundes Wohnen. Gefragt danach, welche Art von Wohnung uns geistig fit und lebensfroh erhält, oder danach, was uns an unserem Zuhause krank oder auch leidend macht, eröffnet sich uns, wie gesehen, ein unermeßliches Feld. Egal, ob es sich dabei um mehr physikalische Aspekte, um die Ausstrahlung von Lebenskraft der verwendeten Materialien und Einrichtungsgegenstände oder um die Seelenkräfte von Mensch und Wohnung handelt, in allem ist unsichtbare Information enthalten. Alles kann uns etwas mitteilen, wenn wir hierfür ein Verständnis entwickeln und uns für die unsichtbaren Botschaften öffnen.

Daß diese Grundhaltung allmählich auch in die Bereiche Architektur, Bauen und insbesondere das Wohnen Eingang findet, zeigen unter anderem die Gedanken der Amerikanerin Denise Linn, wenn sie schreibt: »Da wir dabei sind, unseren Platz im Universum zu festigen, müssen wir unser Zuhause unbedingt zu einem geheiligten Ort machen. Es ist wichtig, daß unsere Lebensräume vom Sinn kosmischer Ordnung durchdrungen sind.

Dann kann unser Heim zu einem heiligen, unverletzlichen Raum werden, in dem wir uns daran erinnern, wer wir sind und warum wir uns zu diesem Zeitpunkt auf diesen Planeten begeben haben.«

Jede Form, die über eine reale Existenz sowie ein energetisches Bewußtsein verfügt, besitzt nach außen hin sowohl eine sichtbare wie auch eine feinstoffliche und dabei weitestgehend unsichtbare Umhüllung. Nehmen wir zum Beispiel einen einzeln stehenden Baum, den wir eine Zeitlang aus einer gewissen Entfernung mit den Augen fixieren, so werden wir bald feststellen, daß es uns so vorkommt, als würde sich um Stamm und insbesondere Krone herum eine Art von ‚Wolkenschicht‘ befinden. (Noch leichter läßt sich diese Erfahrung machen, wenn sich der Baum vom Horizont abhebt und im Hintergrund hellblauer Himmel zu sehen ist.)

Das, was wir auf diese Weise wahrnehmen können, ist das Energiefeld eines Wesens, auch Aura genannt, unabhängig davon, ob es sich um einen Baum, eine Pflanze, ein Tier oder einen Menschen handelt. Interessant ist nun, daß sich dieses Phänomen auch auf gebaute Strukturen übertragen läßt. Ein Haus wird demnach genauso von einer Aura umgeben wie ein Mensch oder irgendein anderes Lebewesen. Der Umstand, daß sich das Energiefeld einer Form nicht optisch wahrnehmen läßt, stimmt allerdings nur bedingt. Denn es gibt sehr viele Menschen, die entweder über angeborene Fähigkeiten verfügen oder zumindest ihre Wahrnehmungsfähigkeiten so weit geschult haben, daß sie in der Lage sind, die Aura zu sehen.

**Haus mit umgebender Aura**

Wichtig bezüglich der Aura wäre noch zu erwähnen, daß ihre Größe, wie auch ihre farbliche Zusammensetzung, in enger Beziehung zum Grad an Lebendigkeit, Harmonie und innewohnender Lebenskraft desjenigen steht, welchen sie umhüllt. Daher verfügen nicht nur kranke, unreife oder selbstzweifelnde Menschen über eine immer schmaler und löcheriger werdende Aura, sondern auch Gebäude, die von ihren Bewohnern und Besitzern finanziell ausgebeutet oder nicht ausreichend gepflegt oder geschützt werden. Äußerliche Zerfallserscheinungen oder Renovierungsbedürftigkeiten sind in der Regel auch ein Hinweis auf ein immer schwächer werdendes bauliches Energiefeld.

Allerdings setzt sich diese Erkenntnis bei uns erst ganz allmählich durch. Aufgrund unserer überwiegend rationalistischen Einstellung fällt vielen von uns die Vorstellung schwer, daß alles, was existiert und geschieht, Folge wie Auswirkung von schwingender und fließender Energie ist. Haus oder Wohnung sind eben nicht tote Gegenstände, die man per Miet- oder Kaufvertrag in Besitz nimmt. Statt dessen sind sie, ähnlich wie wir selbst, eine spezifische Form von Leben, die im Gegensatz zu uns lediglich über eine niedrigere Bewußtseinsebene verfügt.

Es kann heute nicht oft genug darauf hingewiesen werden, daß unaufhörlich ein Austausch unglaublicher Mengen allerfeinster elektronischer, geistiger und feinstofflicher Vorgänge in und zwischen den verschiedensten Strukturen, Lichtebenen und Zellverbänden stattfindet. Auch ist ein Gebäude immer auch ein Bestandteil des Kosmos. Zudem kommt es darauf an, den Gedanken in unser Bewußtsein zu integrieren, daß es nichts endgültig Festes gibt, sondern daß alles auf feinsten, kaum wahrnehmbaren Schwingungszuständen verschiedenster Frequenzen und unterschiedlichster Dichten basiert. Selbst wenn Natur und Leben auf den ersten Blick aus einem völlig chaotischen Aufeinandertreffen der unterschiedlichsten Einflüsse und Formen zu bestehen scheinen, so liegt diesem dennoch eine implizit-höhere Ordnung zugrunde, deren tieferer Sinn uns bis heute allerdings weitestgehend verschlossen geblieben ist.

Anscheinend besitzt alles so etwas wie ‚Seele‘, und jedes Lebewesen wie auch jeder Gegenstand steht zu jedem irgendwie in Beziehung. Selbst wenn diese Vorstellung heute noch schwerfallen sollte, muß uns klar sein, daß dazu auch das zählt, was wir bauen, erschaffen oder sonst irgendwie ausgestalten. Alles lebt und verfügt über so etwas wie Information, die aufgenommen, gespeichert, transformiert und auch wieder ab- und weitergegeben wird.

Zusammengefaßt heißt das, daß allen Häusern und Wohnungen sowie deren Einrichtungen eine doppelte Wirkung innewohnt. Aufgrund der verwendeten Materialien strahlt jede Wand, jeder Fußboden, jede Tür und auch jedes Fenster je nach Art der verwendeten Baustoffe inklusive der geistigen Haltung, die diese bei Herstellung und Einbau erlebt haben, eine ganz bestimmte Schwingung, eine Botschaft ab. Dieses tun sie grundsätzlich und von sich aus, ohne daß jemand irgend etwas in einer Wohnung an Energiearbeit vollzogen hat – ob wir uns dessen bewußt sind oder nicht.

Nun tritt der Einfluß der Bewohner hinzu. Man wählt Wandfarben aus, stellt Möbel hinein und ordnet die Räume bestimmten Funktionen zu. Alles das geschieht aus einem bestimmten Plan und mit einer bestimmten Haltung, so daß wir auf diese Weise eine Grundlage für die geistigen Qualitäten der Räume legen. Diese wird nun ihrerseits von den Kräften einer uns bisher noch weitestgehend verschlossenen Welt erkannt, die alsbald damit beginnt, der Wohnung nach und nach eine Seele einzuverleiben. So kommt es, daß sich im Verlaufe des Wohnens ein hochkomplexes Geflecht von Interaktionen zwischen allen Beteiligten, egal ob materiell, pflanzlich, tierisch oder menschlich, abzuspielen beginnt.

Letztlich besteht zwischen unserem Zuhause und uns so etwas wie eine doppelseitige Beziehung. Wir können zu deren ‚Befruchtung‘ beitragen, genauso wie uns diese in unserer Entwicklung unterstützen kann. Leben ist nichts Statisches, sondern etwas, was sich ständig in Bewegung befindet. Ein Umstand, den wir auch auf unserem eigenen persönlichen Weg der Selbstentwicklung bedenken sollten. Hierbei kann uns das Gesicht der Wohnung einen deutlichen Hinweis über uns geben, den es für uns wahrzunehmen und anzunehmen gilt.

Wir stehen aber nicht nur zu der Wohnung als Ganzem in Beziehung, sondern gleichzeitig auch zu jedem einzelnen Gegenstand. Beginnen wir, diesen Umstand zu beherzigen und unser Zuhause als Wesen zu betrachten wie alle lebendigen Geschöpfe auch. Daß heißt, wir dürften kein einseitiges Ausnutzen in den Vordergrund stellen, sondern sollten bemüht sein, die Wohnung zu achten und zu pflegen, sie zu reinigen und zu schützen mit dem Ziel, ihr das an positiver Gesinnung zurückzugeben, was sie uns auf anderer Ebene energetisch zu vermitteln bereit ist.

# Schutz gegen Negatives von außen

*Auch wenn niemand ernsthaft beabsichtigt, uns anzugreifen,*
*gehen dennoch von der Umwelt bestimmte Gefahren aus,*
*unter denen wir zu leiden haben.*
Osborne Phillips

Jeder Mensch ist angewiesen auf Nahrung, Bewegung, Ruhe, Geld und auch auf so etwas wie ‚Privatsphäre'. Daß insbesondere letzteres ein höchst schützenswertes Gut darstellt, war lange Zeit selbst in der deutschen Verfassung unumstritten. Bis 1998 galt »die Wohnung« gemäß Artikel 13, Absatz 1, Grundgesetz als »unverletzlich«. Inzwischen gibt es hier einige Einschränkungen.

Wenn ich in diesem Kapitel nun von »Schutz« spreche, so geht es mir weniger um staatsrechtliche Fragen. Auch die Dicke der Mauern sowie die Einbruchsicherheit einer Wohnung werden mich nicht allzusehr beschäftigen. Vielmehr verstehe ich hier unter ‚Schutz' die Unversehrtheit und Unerreichbarkeit vor unsichtbaren Energien und Phänomenen. Natürlich auch vor Elektrosmog, Radioaktivität und Erdstrahlung, mehr jedoch vor etwas, was im Chinesischen als »Sha« bezeichnet wird und sich frei mit »schlechten, negativen, schädigenden Einwirkungen auf Orte und Lebewesen« übersetzen ließe.

Rufen wir uns einen wichtigen Umstand ins Gedächtnis zurück. Alles, was eine Form hat, verfügt auch über Leben und über eine Art eigene Schwingung. Somit übt jeder Berg, jede Wüste, jeder Sturm, jeder Wald, jeder Bach und jede Wiese einen dauerhaften, unsichtbaren Einfluß auf die Umgebung aus. Natürlich trifft dies auch auf die gebaute Umgebung zu. Wenn aber alles, was existiert, etwas abgibt, so wird andererseits auch etwas aufgenommen. Dies vollzieht sich beim Menschen vor allem über Verstand, Gefühle und Unterbewußtsein. Alles, was um uns herum ist, kann uns dabei positiv, aber auch negativ beeinflussen. Und auch wenn manche von uns diesen Umstand ungern annehmen mögen: Vieles von dem, was Menschen im Baubereich geplant, initiiert, erschaffen oder gestaltet haben, wirkt sich im nachhinein eher negativ anstatt förderlich auf die Umgebung aus.

Überträgt man die Grundsätzlichkeiten der Biologie auf die Architektur, so sind Gebäude als Einheiten zu verstehen – als Einheiten, bei denen das Gesamte immer mehr ist als die Summe der diversen Baumaterialien, aus denen sich diese zusammensetzen. Vergleichbar einem lebendigen Wesen, bei dem die verschiedensten Bestand- und Körperteile optimal zusammenspielen müssen, kommt es auch bei Gebäuden darauf an, daß alles gut zueinander paßt. Größe, Struktur, Funktion und Farbgebung sollten in Harmonie zueinander stehen und durch so etwas wie eine intakte ‚Haut‘ nach außen hin abgeschlossen sein.

Unter ‚Haut‘ ist im Kontext von Gebäuden natürlich in erster Linie die Fassade (in der Regel gestrichener Putz, Verblendung oder Holzverkleidung) zu verstehen. Geht es uns nun um Unversehrtheit, so würde es sich auf der stofflich-realen Ebene zunächst einmal anbieten, die Fassadenansicht als solche zu überprüfen und eventuelle Schäden gegebenenfalls auszubessern. Erstrangig mit dem Ziel, das Gebäude genügend gegen Wind und Wetter zu schützen, zweitrangig jedoch auch mit einem anderen Hintergrund. Denn schon der äußere Eindruck, den ein Haus auf Nachbarn, Gäste, Vorbeifahrende und natürlich auch auf das Selbstverständnis seiner Bewohner macht, kann bereits die energetisch wirkenden wie auch die sozial herrschenden Einflüsse aus der Umgebung verändern.

Wie sich unschwer nachvollziehen läßt, wirken, psychologisch betrachtet, gepflegte und durch passende Farbtöne gestaltete Fassaden positiv auf Außenstehende. Heruntergekommene Bauten, bei denen die Außenmauern Risse enthalten, Anstrich oder Dach etliche Schäden aufweisen, die Fenster ungeputzt und die Dachrinnen verbogen sind, geben statt dessen zu deutlich mehr ‚Gerede‘ Anlaß.

Gehen wir noch einen Schritt weiter. Denn letztlich ist es nicht die »Haut des Hauses«, die jedes »gebaute Wesen« umgibt und formt, sondern es kommt, ähnlich wie bei jedem lebendigen Wesen, noch eine Art universelles Energiefeld hinzu. Diesem feinstofflichen Energiefeld haftet allerdings das Phänomen an, daß es zwar existiert, jedoch nur für besonders veranlagte Menschen allein auf optischem Wege wahrnehmbar ist. Definieren ließe sich dieses als eine Art Lichtkörper mit einer ganz spezifischen Ausstrahlung, die

Form und Körper umhüllt – gleichzeitig aber auch durchdringt. Wie erwähnt wird dieses Energiefeld als ‚Aura' bezeichnet. Praktisch betrachtet ist die Aura somit erstrangig derjenige Bereich, der die Funktion hat, sämtliche unsichtbaren Einflüsse zu filtern, zu ordnen oder schlimmstenfalls auch abprallen zu lassen.

Bekanntlich stehen Größe, Formzustand und auch farbliche Struktur der Aura in direkter Beziehung zu Körper und geistigem Grad desjenigen, den sie umgibt. Je höher der Grad eigener Bewußtheit und geistiger Entfaltung ist, um so ausgeprägter und weiter dehnt sich die Aura aus. Auf der anderen Seite reagiert sie negativ auf äußere Belastungen, Schicksalsschläge und natürlich auch auf inneren Streß, Disharmonien und Verstimmtheiten. Übertragen auf Gebäude, heißt das, die Bewohner haben es selbst in der Hand, entsprechend ihrer geistigen Haltung in Verbindung mit Ritualen und Schutzhandlungen die Aura ihres Hauses zu stärken. Hierduch wird der Einfluß möglicher schädigender Einwirkungen minimiert.

In bezug auf die Stärkung des feinstofflichen Schutzschildes bietet geistiges Segnen und Heilen einige ausgezeichnete Möglichkeiten. Eine davon möchte ich hier kurz vorstellen:

## Übung: Schutzbehandlung des Hauses

Bevor Sie mit der eigentlichen Energieanwendung beginnen, begeben Sie sich erst einmal in den Garten und schauen Sie sich Ihr Haus oder Gebäude noch einmal von allen Seiten an.

Wenn Sie dem Verlauf des Buches bis hierhin achtsam gefolgt sind, so wird es Ihnen jetzt schon leichterfallen, zu erspüren, wo die Fassade anfällig ist für negative Einwirkungen. Prägen Sie sich die gemachten Eindrücke möglichst gut ein, und begeben Sie sich ins Innere des Hauses.

Stimmen Sie sich nun auf Mentalarbeit ein, und halten Sie alsdann Ihre Hände so vor den Körper, als würden Sie darin ein zerbrechliches Häuschen aus Glas tragen. Dieses Häuschen, das sich jetzt bei geschlossenen Augen vor Ihnen zwischen den Händen befindet, soll Ihr Haus symbolisieren. Nebenbei bemerkt können Sie ganz ähnlich vorgehen, wenn Sie in einer Wohnung innerhalb eines Mehrfamilienhauses wohnen. Und sollte es Ihnen schwerfallen, sich das Haus bildlich vorzustellen, so können Sie es auch auf einen Zettel zeichnen, Ihre Adresse daneben schreiben und den Zettel dann statt des visualisierten Glashäuschens in Ihre Hände nehmen. Die hochfrequente geistige Energie wird mit Hilfe Ihrer Motivation angeregt, Schwachstellen an der Aura Ihres Hauses mit heilsamer Energie aufzufüllen. Alsdann wird sie den feinstofflichen ‚Puffer' um Ihre Wohnung verbessern und stabilisieren. Aufgrund der neu installierten Schwingungsfrequenz um Ihr Haus herum werden von nun an auch nur noch positivere und dabei schneller schwingende Botschaften durch die Hülle Ihres Hauses hindurchdringen. Negative, schwarzmagische und langsam schwingende Energien werden statt dessen weitestgehend am Passieren gehindert. Abschließend hierzu noch ein Hinweis: Die Schutzbehandlung läßt sich anstatt mit geistiger Heilungskraft auch über Reiki vornehmen. Hierbei würden sich neben der heilsamen Wirkung möglicherweise auch noch negative Grundmuster der im Hause Wohnenden allmählich auflösen.

Im Kontext magischen Wohnens sollten möglichst nur liebevolle und gute Absichten Eingang finden. Denn genauso, wie gute Gedanken heilsame Prozesse in Gang setzen können, die von selbst weitergetragen werden und womöglich irgendwann einmal in anderer Form zum ‚Absender' zurückkehren, sorgen schlechte Gedanken dafür, schädigende, aggressive wie auch destruktive Kräfte in Gang zu setzen.

Leider sind wir uns dieses Umstandes nur viel zu selten bewußt. Das heißt, wir sind uns dessen nicht bewußt, daß wir uns selbst wie auch andere allein schon durch die Art unserer geistigen Haltung schädigen können. Gleichzeitig sind wir aber auch dem Einfluß negativer Gedanken durch andere ausgesetzt, ohne dies direkt nachvollziehen oder gar steuern zu können. Schlechte Nachrede, Verwünschungen, Neid, Ärger und Böswilligkeiten, ausgehend von Nachbarn oder anderen Menschen, die uns nicht wohlgesonnen sind, können uns in unserer inneren Freiheit und Ungezwungenheit zuweilen stark beeinträchtigen. Selbst Blicke, die mit einer abschätzigen oder verurteilenden Haltung erfolgen, oder ein demonstratives Sichentfernen, lassen sich bereits diesem Bereich hinzuzählen. Im Grunde genommen handelt es sich bei allen diesen Vorgängen, die auf irgendeine Art und Weise negative, destruktive gedankliche Kräfte freisetzen und gegen einen anderen gerichtet sind, in der überwiegenden Zahl bereits um einfache Formen schwarzmagischer Praktiken. Um Praktiken also, die, selbst wenn sie unbewußt oder unbedacht erfolgten, dennoch verschmutzte, unspezifische Energien oder zerstörerische Kräfte in Umlauf bringen – allein oftmals schon durch die Dynamik des sogenannten ‚bösen Blicks' oder der gedachten Idee. Hierzu ein Beispiel:

*Eine Frau mittleren Alters, die sich nach einigen tragischen Erfahrungen mehr und mehr angeschlagen und labil fühlt, traut sich kaum noch, allein das Haus zu verlassen. Im Gegenteil: Oft verkriecht sie sich auch tagsüber ins Bett und will von allem nichts mehr hören und sehen.*

*Was ist nun hier passiert? Bedingt durch die Schicksalsschläge, ist der unsichtbare Schutzschild ihres Körpers immer löchriger und sie selbst damit immer sensibler geworden. Das heißt, sie wurde parallel dazu auch empfänglicher für schädigende Energien. Und auch das Haus bietet ihr keinen ausreichenden Schonraum mehr, alles dringt von außen ungehindert und ungefiltert nach innen. Um nun vor den schlechten Einwirkungen zumindest einigermaßen geschützt zu sein, bleibt der Patientin nichts anderes übrig, als sich zuletzt ins Bett zurückzuziehen. An einen Ort also, der aus therapeutischer Sicht für viele Menschen so etwas wie intimste Geborgenheit, wie Uterus-Empfinden symbolisiert.*

*Im Rahmen der Beratung bei mir wird ihr nun dieser Umstand bewußt. Gleichzeitig fällt ihr auf, daß es die beobachtenden Blicke einer Frau aus der Gaststätte von gegenüber sind, die ihr im besonderen zu schaffen machen. Gemeinsam nun werden Ideen und Strategien überlegt, wie sich die negativen Energien, der sich die Patientin bisher schutzlos ausgeliefert gefühlt hatte, abmildern oder gänzlich abhalten lassen könnten. Hierbei wurden ihr mit Hilfe des Pendels zwei Schutztechniken aus dem großen Bereich der Weißen Magie herausgesucht. Außerdem wurde ihr empfohlen, sich jeden Morgen durch die Kraft der Gedanken eine violette Schutzhülle um ihr Haus vorzustellen.*

*Diese Maßnahmen schufen deutliche Entlastung. Später ging die Patientin dazu über, die Wohnung neu zu ordnen und für die Wände andere Farben auszuwählen. Heute geht es der Betroffenen recht gut, und sie fühlt sich wieder wohl in ihrer Haut.*

Wie in diesem Beispiel zu sehen, stellen Krankheit, Krise oder Leiden in vielen Fällen den Einstieg in ein bewußteres und spirituelleres Leben dar. Sie sind es, die uns die Augen für die andere Seite des Lebens öffnen können und die unsere Motivation schüren, mehr aus uns zu machen. Sie sind es aber auch, die uns zeigen können, wie wichtig es sein kann, seine Wohnung gegen negative Einwirkungen von außen besser zu schützen. Denn erst, wenn von außen keine schädlichen Einflüsse mehr nach innen gelangen, können wir uns auch hier richtig geborgen und wohl fühlen. Und letztlich ist das Empfinden einer geschützten Atmosphäre die Basis dafür, durch ‚lichtvolle Energiearbeit‘ das Schwingungsniveau unserer Innenräume positiv zu verändern.

Im zuletzt vorgestellten Fall wurde erstrangig mit Salz gearbeitet, da es in der Lage ist, das Böse zu binden. Zunächst wurde Salz in einen Eimer Wasser gegeben und alsdann geweiht, was bedeutet, daß es mit Hilfe eines innigen Gebetes, durch gute Gedanken wie auch mit Reiki gereinigt und gestärkt wurde. Später dann ging man mit dem Eimer in der Hand um das Haus herum und spritzte die Lauge mit Hilfe einer Bürste mehrmals auf sämtliche Außenwände. In einem weiteren Schritt wurde anschließend auf derjenigen Seite, von der her die meisten negativen Einwirkungen gespürt wurden, ein Kreuz aus Salz auf der Erde ausgelegt. Dies geschah mit dem Ziel, den ‚Angriff‘ abzuwehren. Das Kreuz aus Salz besitzt die Eigenschaft, die negativen Kräfte aus der Umgebung anzuziehen und in die Erde abzuleiten, wo sie transformiert werden.

Auf einen bedeutsamen Punkt soll in bezug auf den Schutz vor negativen Kräften wie auch schwarzmagischen Praktiken oder Angriffen noch einmal besonders hingewiesen werden, obwohl dies im Grunde genommen für sämtliche Energieanwendungen gilt: Es ist nicht die Technik als solche, die zur Stärkung des Schutzes verwendet wird, sondern es ist die Art und Weise, wie ich diese durchführe. Es ist also der Vorsatz, eingebunden in eine Art von Ritual, der der Schutztechnik die eigentliche Kraft verleiht. Lediglich mit einem Eimer voller Salzlauge ins Freie zu gehen und dann mit einer Bürste in bestimmten Abständen die Fassade zu bespritzen wird wenig ausrichten. Aber wenn wir das Wasser an einem Tag in den Eimer geben, mit dem wir etwas Besonderes verbinden und uns darauf mental einstellen, dann einige Blumen, Steine, Mineralien, Zweige oder andere Dinge aus der Natur herumlegen, eine Kerze davor postieren und anzünden, dazu meditieren oder beten und alles dann einen Tag lang stehenlassen, so schaffen wir eine ganz andere Voraussetzung und helfen dem Wasser auf diese Weise, zu einer Art von »magischer Flüssigkeit« zu werden.

Auf ähnlich ritualisierte Weise sollte später auch das Salz hinzugegeben wie auch das Kreuz aus Salz ausgebracht werden. Es kommt also auf die geistige Haltung an, mit der ich etwas tue, und weniger auf den Gehalt der Handlung. Erinnern wir uns diesbezüglich noch einmal an das indianische Naturbewußtsein: Der Indianer fühlte sich als Teil der Schöpfung. Wenn er beispielsweise ein Tier erlegte, dann tat er es erstens nur, um zu überleben, und bat zweitens seinen ‚getöteten Bruder‘ um Vergebung für die Tat. Wenn er einen Baum fällte, so geschah das aus dringender Notwendigkeit heraus und wurde anschließend mit einer rituellen Opfergabe (beispielsweise Maismehl) abgeschlossen.

So verstanden und durchgeführt, dient demnach die Stärkung des Schutzes gegen negative Einflüsse von außen zweierlei Zwecken. Zum einen dem Umstand, abgeschirmt und geborgen vor ungutem Einfluß von außen zu leben und sich entwickeln zu können. Zum anderen dem Zweck, daß uns das, was wir zu Hause an positiver, heilsamer Atmosphäre schaffen, nicht von außen her immer wieder verunreinigt werden kann. Wir können also mehr und mehr zu dem werden, was wir wirklich sind. Und während wir den Außenschutz verbessern, wächst in uns gleichzeitig eine Gewißheit, nicht länger Opfer von anderen sein zu müssen, sondern auch etwas Positives in uns selbst in Gang setzen zu können.

\*\*\*

Kommen wir mit dem letzten Punkt zu einer Verfahrensweise, die ursprünglich dem Kulturkreis der nordamerikanischen Indianer zuzurechnen ist. Waren diese für viele der früheren Generationen einfach nur ‚Wilde‘, die es auszurotten galt, so erkennen wir heutzutage bei ihnen immer mehr die Tiefe eines Wissens, welches über Jahrtausende weitergegeben wurde. Neben der bereits erwähnten Naturphilosophie verfügten Indianer über vielfältige Kenntnisse. Auch, wie sich zum Beispiel unter Verwendung von Mineralien bewohnte und besetzte Orte reinigen oder vor sogenannten ‚bösen Kräften‘ schützen lassen. Da diese Gesichtspunkte heute genauso bedeutsam sind wie damals, wollen wir uns einiges davon zunutze machen.

Vorab soll allerdings noch darauf hingewiesen werden, daß die Indianer die farbigen Steine früher als Geschenke von ‚Mutter Erde‘, also als etwas Heiliges, betrachteten und ihnen deshalb eine tiefe Achtung entgegenbrachten. Diese Haltung vergessen wir in unserer heutigen Zeit oft. Denn auch die Kraft der Mineralien läßt sich erst dann voll und ganz entwickeln, wenn wir sie zu »wecken« verstehen.

Für die folgende Schutzanwendung werden aus der Vielzahl der Mineralien etwa je 20 Bergkristalle und Bernsteine benötigt. Der Durchmesser der Mineralien sollte ungefähr zwischen zwei und vier Zentimetern liegen. Mit den beiden Steinsorten soll später ein gut funktionierendes Schutznetz um Ihre Wohnung herum gespannt werden.

Zu kaufen gibt es derartige Steine im Grunde genommen fast schon überall. Gefunden habe ich sie bereits auf dem Wochenmarkt, in Naturkostläden, Buchhandlungen, esoterischen Geschäften und natürlich auch auf Mineralienmessen und bei einem speziellen Steinversand.

Wirkweise der Steine: Der Bergkristall ist ein überaus mächtiger Stein. Er ist Empfänger, Verstärker wie auch Sender von Energie. Das heißt, alles das, was er aufnimmt, kann er in verstärkender Form wieder abgeben. Dies bezieht sich auch auf mentale Programmierungen, was in Form von Affirmationen oder auch Gebeten erfolgen kann. Von seinem Wesen her bringt er Klarheit und Erneuerung auf der körperlichen, geistigen wie auch seelischen Ebene. Aus diesem Grund wird er oft für Heilzwecke benutzt.

Der Bernstein steht im Bezug zu Stärke, Ausdauer, alter Weisheit und Harmonie. Er ist der einzige organische Stein, der Energie verändern und transformieren kann. Verstreute, chaotische oder sprunghaft-ungute Energien werden durch ihn gebunden und in Richtung Erde abgeleitet. Aufgrund seiner Qualitäten kräftigt und festigt der Stein zum einen die äußere Hülle und vertreibt zum anderen Negativität, Destruktivität, Schwäche, Lethargie und Depression – allesamt Erscheinungsformen, die dem Innerseelischen zuzurechnen sind. Darüber hinaus lehrt er uns die Verbindung zwischen Weisheit und Kraft und hilft uns, in gute Beziehungen zu treten.

Achten Sie allerdings bei der Auswahl der Steine bitte darauf, daß es sich um Trommelsteine handelt, die möglichst rund geschliffen sind, da wir nur solche beim Auslegen eines Schutzringes verwenden wollen. Denn im Vergleich zu länglich-spitzen Formen (insbesondere bei den Bergkristallen) haben runde Steine den Vorteil, daß sie schlechte, aggressive Einflüsse, die von außen auf die Aura des Hauses prallen, nicht so stark und gebündelt wieder zurückwerfen, wie dies bei stabähnlichen, männlichen Steinen erfolgt. Runde Steine leiten höchst selten Negatives dorthin zurück, woher es kam. Allein schon formbedingt haben sie vielmehr die Eigenschaft, alles, was an unguter Schwingung an sie herankommt, aufzunehmen, zu zerstreuen oder auch zu transformieren. So liegt es in unserer Hand, von Anfang an durch die Auswahl der Formen zu verhindern, daß das Zurückwerfen ,schlechter Energien', selbst wenn diese unheilsam auf unsere Wohnung einwirkten, nach Installierung eines Wohnungsschutzes nun ungewollt zu einer schädigenden Beeinflussung der Außenwelt führt.

Ich denke, es ist auch in Ihrem Sinn, niemandem Schaden zuzufügen, selbst wenn man, bedingt durch konkret erlebte seelische oder manchmal gar physische Verletzungen durch Außenstehende unterschwellig Rachegefühle entwickelt. So ist es zum Beispiel nicht ganz einfach, ruhig zu bleiben, wenn spielende Nachbarskinder immer wieder mit dem Fußball die Außenlampen oder auch Scheiben Ihres Hauses zerschießen und nicht das Unrecht ihres Handelns einsehen wollen oder wenn Krach und Geräusche der angrenzenden Wohnung Sie Tag für Tag in Ihrer Privatsphäre beeinträchtigen und trotz mehrmaliger Bitte die Verursacher ihr Verhalten nicht ändern.

Nur in wirklich begründeten Ausnahmefällen, in denen selbst Güte, Langmut und Liebe nichts auszurichten imstande sind, wäre deshalb die Verwendung von Bergkristallstäben empfehlenswert. Zum Beispiel, wenn von jemandem immer wieder Anfeindungen, Denunziationen und Grenzverletzungen gegen Sie oder Ihre Familie erfolgen und Sie hierdurch in Ihrer körperlichen und seelischen Gesundheit massiv gestört werden. Oder auch, wenn ein bestimmter Nachbar immer wieder neue Gerüchte in Umlauf bringt oder versucht, Ihnen Grund und Boden streitig zu machen. In so einem Falle wäre es denkbar, mehrere Kristallstäbe in Form eines Halbkreises in Richtung dieser Person auszulegen (ähnlich einer Reihe von Geschützen auf einer Burgmauer), die die ausgesendeten Aggressionen aufnehmen und verstärkt zurückschicken. Im übrigen ist die Verwendung der militärischen Begriffe in diesem Falle nicht als Ausdruck einer Gesinnung zu interpretieren, sondern soll Ihnen ein Bewußtsein dafür vermitteln, daß es auch im feinstofflich-unsichtbaren Bereich die gleichen Phänomene wie in der Realebene – der sogenannten ,Wirklichkeit' also – gibt.

Nun zurück zur eigentlichen Schutzanwendung. Gesetzt den Fall, Sie sind gerade dabei, ein Haus zu bauen, dann begeben Sie sich an einem schönen Wochenende, oder besser gesagt, wenn der Bau ruht, mit Ihren Steinen, die Sie zuvor unter fließendem Wasser gereinigt haben, auf die Baustelle. Bringen Sie dann die Steine in abwechselnder Folge (Bergkristall – Bernstein – Bergkristall usw.) an zwei Außenmauern an, die zusammenstoßen. Beispielsweise, indem Sie die Schutzsteine in die Fugen der östlichen und südlichen Wände hineinschieben. Zwischen den Steinen sollte jeweils etwa ein halber Meter Platz sein. Achten Sie darauf, daß die Steine nicht von anderen gefunden und wieder herausgenommen werden. Sollten Sie selbst an dem Haus mitarbeiten, dann mauern Sie diese einfach mit ein. Oder Sie drücken die Steine beim Verputzen des Hauses ganz einfach in das noch weiche Gemisch.

Beim Bau eines Hauses aus Holz oder eines Fertighauses lassen sich die Mineralien im Gegensatz zum gemauerten Haus beispielsweise in der Dämmung unterbringen. Manchmal geht es dabei nicht anders, als daß Sie Löcher in die Wände bohren, die Schutzsteine hineindrücken und die Löcher später wieder verspachteln. Wollen Sie unabhängig von den Kosten, die für die Mineralien anfallen, ganz sichergehen, so bringen Sie den Schutzring, wie oben beschrieben, im gesamten Außenmauerbereich an. Wichtig ist auch hier, daß Sie die Kraft der Steine zuvor durch Gebete oder Rituale ,geweckt' und die Steine mit Hilfe Ihrer Gedanken um Hilfe und Schutz vor Außeneinflüssen gebeten haben. Bezüglich der Rituale gibt es im übrigen keine genauen Vorschriften. Lassen Sie sich ganz einfach von Ihrer Kreativität und Ihrem eigenen ,magischen Denken' leiten. Wichtig ist nur, daß Sie selbst am Ende das Gefühl haben, daß Ihr erklärter Wunsch nach ,Schutz vor schädigenden Einflüssen' vom Bewußtsein der Mineralien aufgenommen wurde. So vorbereitet und eingebracht, werden die Mineralien von nun an für eine auf Dauer energetisch wirksame Abschirmung sorgen.

Sollten Sie in einer Wohnung zur Miete wohnen, so kann die Anordnung der Mineralien in ähnlicher Weise erfolgen. Nur werden Sie diese nicht im Mauerwerk fest unterbringen, sondern an den Außenwänden Ihrer Räume entlang auslegen. Wo genau, kann nicht vorgeschrieben werden. Dies kann auf langen Wandregalen, in Schränken, auf Fensterbänken oder selbst auf der Erde geschehen. Da die Steine nun frei beweglich ausgelegt sind, ist ihre Anordnung regelmäßig zu überprüfen und gegebenenfalls zu korrigieren.

Noch ein kleiner Tip: Gesetzt den Fall, Sie wollen sich anfangs etwas mehr Arbeit machen, dann schrauben Sie ganz einfach die Fußleisten an den Außenwänden ab und ‚verstecken' ihre Schutzsteine dahinter.

Als Mieter haben Sie den Vorteil, daß Sie die Steine für sich allein nutzen können. Denn im Gegensatz zu fest eingemauerten Mineralien bietet Ihnen die zuletzt beschriebene Verfahrensweise die Möglichkeit, die ausgelegten Steine wieder einzusammeln, mitzunehmen und in der neuen Wohnung erneut auszulegen. So eingesetzt, können Mineralien zu etwas ganz Wichtigem in Ihrem Leben werden: zu Begleitern, deren Kraft Sie zwar wecken, die Ihnen gleichzeitig aber auch Schutz und, daraus bedingt, die Möglichkeit verschaffen, mehr über sich und die Welt zu lernen. So wird auch an diesem Punkt das schon häufiger erwähnte Phänomen deutlich, daß alles, was wir konkret tun, auch im Innen seine Entsprechung hat.

Wenn wir jetzt so viel über das Thema Schutz gehört haben, so soll zum Abschluß ein Hinweis dennoch nicht vergessen werden: Den besten Schutz können wir letztlich nicht im Außen suchen, sondern allein in uns selbst. Es ist der eigene Weg der Selbsterkenntnis und der geistigen Weiterentwicklung, der uns mit der Zeit in die Lage versetzt, einen höheren Bewußtseinsstand zu erreichen und dadurch energetisch wie menschlich immer unangreifbarer und stabiler zu werden. So gesehen wäre es für jeden von uns ratsam, sich selbst auf die Suche zu begeben und innerlich zu wachsen, um sich von äußeren Einflüssen freizumachen. Maßnahmen zum Schutz gegen Negatives von außen sollten nur der erste Schritt sein. Hier stehenzubleiben wäre ein törichter Fehler.

Nehmen Sie als Fazit dieses Kapitels bitte mit, daß Sie über alle Potentiale verfügen, Probleme und Schwierigkeiten im Kontext Ihrer Wohnung zu lösen. Sie müssen diese nur aktivieren, herausfordern und entwickeln. Der Psychologe würde diesen Prozeß ‚Selbsterfahrung', der Mystiker den ‚Weg der Selbsterkenntnis' nennen.

*Wenn der Mensch die schöpferischen Kräfte in sich freizusetzen vermag, dann ist er auch fähig, die in seinem Schicksal wirkenden Kräfte zu beeinflussen, folglich sein Schicksal selbst zu beherrschen.*
Elisabeth Haich, 1972

# Die Magie der Farben

*Farben sind Strahlungskräfte, die auf uns in positiver oder negativer Weise einwirken, ob wir uns dessen bewußt sind oder nicht.*
Johannes Itten, Kunstpädagoge und Maler

Auf allen Ebenen des Lebens spielen Farben eine große Rolle. So natürlich auch im Bereich des Wohnens. Die Wirkung der Farben setzt sich dabei aus zweierlei zusammen. Einmal aufgrund der Wellenlänge, was sich eher technisch erklären läßt, zum anderen aufgrund ihrer feinstofflich-emotionalen Wirkung. Das heißt, aufgrund dessen, was sie in uns erzeugen. Für uns kann es in diesem Buch natürlich nur um den letzteren Aspekt gehen, um den Bereich also, der mit unserer Empfänglichkeit, mit unserer Gefühls- und inneren Welt zusammenhängt.

Sicherlich wissen die wenigsten unter Ihnen, daß sich der deutsche Dichter und Mystiker Johann Wolfgang von Goethe intensiv mit der physikalischen, mehr jedoch noch mit der emotionalen Seite der Farben beschäftigt hat. Selbst bezeichnete er seine 1400 Seiten lange »Farbenlehre« als sein eigentliches Lebenswerk. Bis heute ist seine ganzheitliche Betrachtungsweise der Farben wegweisend. Anhand der Farbwahl in seinem Haus in Weimar erhalten wir einen Einblick in die tieferen Beweggründe seiner Seele.

Betritt man den Eingangsbereich des Goethehauses, so trifft der Blick auf Gemälde in den Regenbogenfarben Himmelblau, Violett, Purpur und Gelb. Das Empfangszimmer hilft vom Eindruck her der Seele, sich zu weiten durch das Überwiegen von Blau, aufgelockert durch goldfarbene Ränder. Man meint, eine unausgesprochene Aufforderung zu hören, gemäß dem Motto: »Geh hindurch und spüre, wie sich die Seele öffnet. Schreite hinein, zentriere Dich und laß Dein Inneres sprechen.« Der eigentliche Festsaal stellt durch sein Goldgelb einen Appell an die Gemütlichkeit dar, an das innere Strahlen, und animiert zu angeregten Gesprächen. Die purpurroten Wände im nächsten Zimmer sollten möglicherweise den Geist zu mehr Würde und Andacht anleiten. Die schlichte farbliche Gestaltung durch Grau im Majolikazimmer könnte statt dessen eine durchaus notwendige Ruhepause für Kreativität und Ausdruck darstellen. Das Grüne Zimmer schließlich bildet nicht nur den letzten Raum in der Wohnung, sondern lädt auch zur eigenen Sammlung und zum dauerhaften Verweilen ein.

So weit zu Goethes Überlegungen. Nun kurz ein paar Worte dazu, was sich hinter dem Phänomen ‚Farbe' verbirgt. Sichtbar werden Farben erst durch die Reflexion von Licht. Fällt zum Beispiel das Sonnenlicht auf ein mit roten Ziegeln gedecktes Dach, so passiert folgendes: Das Licht trifft mit allen Wellenlängen und der Möglichkeit, alle Farben sichtbar zu machen, auf die Oberfläche der Ziegel. Hier werden nun aufgrund des Materials wie der Inhaltsstoffe der Ziegel alle Lichtwellen bis auf den Farbton Rot verschluckt. Dieser ist es, der einzig und allein reflektiert wird, so daß wir ihn mit den Augen als Farbe des Daches wahrnehmen können. Dasselbe passiert auch in allen anderen Fällen, in denen uns Farben entgegenschimmern.

Farben, oder besser gesagt das, was wir als farblichen Eindruck wahrnehmen, sind nichts Festes, sondern in erster Linie von der lichtspendenden Quelle abhängig. Ohne Licht gibt es auch keine Farben. Ein Gegenstand sieht bei Kerzenlicht ganz anders aus als in der Sonne, weil die verschiedenen Lichtquellen eine sehr unterschiedliche spektrale Zusammensetzung haben. Aus diesem Grund ist es nachvollziehbar, wenn heutzutage beim Neubau von Häusern auf die Fenster großer Wert gelegt wird, zumal sie als die Augen eines Gebäudes gelten. Allein schon durch ihre Größe wie ihre Anordnung bestimmen sie über Lichteinfall und Schatteneffekte und beeinflussen hierdurch die Farbeindrücke ganz wesentlich.

Entscheidend für die Farbwahrnehmung ist die Lichtquelle selbst, worunter alles das zu verstehen ist, was in der Lage ist, Licht aus eigener Kraft abzustrahlen. Den klarsten Eindruck von Farben erhalten wir natürlich bei Sonnenlicht. Schon ein leicht bedeckter Himmel kann in einem Raum eine ganz andere Stimmung erzeugen, indem die Farben eine andere Tönung erlangen. Wie stark Licht und Farben auf unsere Psyche wirken, läßt sich am besten in einem gänzlich leeren weißen Raum erkennen. Stellen wir in diesem Raum, der am Tage kalt und unangenehm wirkt, bei Dunkelheit eine Reihe von Kerzen auf, so tauchen sie diesen in ein gelborangenes Licht, was von der Mehrzahl der Betrachter als romantisch-gemütlich und warm empfunden wird.

Farben üben auf jedes Wesen ihre Wirkungen aus. Und zwar einerseits, indem diese über die Augen betrachtet werden, andererseits wirken sie jedoch auch als unsichtbare feinstoffliche Schwingungen auf uns. Daraus leitet sich ab, daß selbst Blinde noch durch Farben teilweise beeinflußt werden können und mit einiger Übung sogar in der Lage sind, Farbtendenzen anhand deren energetischer Ausstrahlung zu erspüren.

## Übung: Das energetische Erspüren einzelner Farben

Holen Sie Ihren alten Tuschkasten hervor, oder besorgen Sie sich Buntstifte, Wachsmalstifte oder farbige Kreide – je nachdem, was Ihnen am ehesten möglich ist. Setzen Sie sich dann mit einer Reihe von weißen Blättern an einen Ort mit guten Lichtverhältnissen und betrachten dort zu Anfang für eine Weile ein weißes Blatt Papier. Spüren Sie ganz bewußt, was die Farbe in Ihnen auslöst. Achten Sie auch auf den Bauch, der für den Empfang magischer Botschaften besonders gut geeignet ist. Schreiben Sie nun auf die Rückseite des Blattes Ihre Empfindungen und Gedanken. Greifen Sie anschließend ganz willkürlich zu einer Farbe, und fangen Sie an, ein zweites Blatt farbig zu machen. Bemerken Sie dabei, was sich in Ihnen abspielt, wenn das Weiß beispielsweise immer mehr von einem Blau abgelöst wird. Nachdem Sie das ganze Blatt eingefärbt haben, spüren Sie auch hier, was die Farbe Ihnen zu sagen hat, welche Magie diese auf Sie überträgt. Schreiben Sie auch hier Ihr Ergebnis auf die Rückseite. Wiederholen Sie diesen Vorgang nun mit weiteren Farben. Der Hauptsinn dieser Übung besteht darin, Sie erst einmal für die magische Seite der Farbeinflüsse sensibel zu machen. Eine Anschlußübung könnte nun aber auch noch darin bestehen, die farbigen Blätter hin- und herzuschieben und sie zu verschiedenen Farbkompositionen zusammenzustellen. Zum Schluß sollten Sie einmal Ihre Resultate dieser Übung mit den real existierenden Wandfarben Ihrer Wohnung, vielleicht auch der Fassade des Hauses überprüfen.

Kaum etwas prägt in unserer heutigen, stark am Visuellen ausgerichteten Zeit unser Erleben und Empfinden mehr, als es die Kraft der Farben zu tun vermag. Allerdings erzielen Farben bei jedem Menschen ganz spezifische

Empfindungen und Reaktionen, was dazu führt, daß ein und dieselbe Farbe von Person zu Person ganz unterschiedlich erlebt werden kann. Aus diesem Grunde ist es schwierig, Ihnen hier Ratschläge zu geben, welche Farben für welche Zimmer wohl die angemessensten sein könnten. Die folgenden Zuordnungen von Gefühlsimpulsen zu Farben sind deshalb auch nur als mögliche Tendenzen zu verstehen, die Sie für sich im einzelnen selbst einmal überprüfen sollten.

*Weiß* wird sehr oft mit Reinheit, Wahrheit und Unschuld in Verbindung gebracht, da es das ungebrochene Licht ist. Zuviel davon kann jedoch auch wiederum negativ wirken, indem es Kälte und Orientierungslosigkeit abstrahlt. Auch weckt es Assoziationen zu Krankheit oder Kranksein, da sich Ärzte und Mediziner dieser Farbe bedienen. Zwischen Asien und Europa gibt es bezüglich der Farbe Weiß ganz entgegengesetzte Assoziationen. Während die Braut in Europa auf Hochzeiten sehr häufig in jungfräuliches Weiß gekleidet ist, steht Weiß in China in naher Verbindung zum Thema Tod. Daß diese Assoziation nicht unbedingt von unserer eigenen Erfahrungswelt abweicht, sieht man darin, was Menschen mit Nahtoderfahrungen immer wieder berichten: daß sie im Jenseits von einem weißen, warmen Licht gerufen worden seien.

*Gelb* steht für Licht und Selbstbehauptung, für Sieg, Toleranz, Geduld, Erleuchtung und Weisheit, aber auch für Neid, Eifersucht, Gift und Galle.

*Gold* wird mit höchster göttlicher Reinheit, mit Machtfülle, aber auch mit Egozentrik assoziiert.

*Rot* gilt vielen als glückbringende Farbe. Es hat eine enge Beziehung zu Kraft, Energie, Wärme und Freude, wie auch zu Liebe, Sexualität und Erotik. Die moderne Werbeforschung fand heraus, daß die Farbe Rot die Aufmerksamkeit von Beobachtern am meisten bindet. Manchmal reicht schon ein roter Farbtupfer in einem großen Plakat aus, um die erhoffte Wirkung zu erzielen. Bei schlechtem Ch'i kann Rot darüber hinaus helfen, dieses zu vertreiben; das eigene, gute Ch'i hingegen versteht es festzuhalten.

*Purpur* ist ebenfalls eine glückbringende Farbe. Es gibt demjenigen, der sich damit verbindet, Würde und Ansehen.

*Violett* gilt als Farbe der Besonnenheit, des Ausgleichs und des Maßes, aber auch als eigenwillig und extravagant. Des weiteren steht es Begriffen wie Spiritualität, Feierlichkeit und Mystik nahe. Für viele Menschen ist Violett auch diejenige Farbe, die sie mit dem Thema Magie am ehesten verbinden.

Im asiatischen Raum gibt es allerdings auch Schulen, die davon abraten, Wände violett oder purpur zu streichen, da dies ihrer Meinung nach den Zufluß an kosmischer Energie beeinträchtigen kann.

*Orange* steht zwischen Rot und Gelb und verkörpert folglich erstrangig deren Merkmale von Glück und Macht. Wärme, Abendsonne, Feuer, Fruchtbarkeit und Fraulichkeit sind weitere Assoziationen zu der Farbe Orange. Sie hat darüber hinaus aber auch etwas sehr Regressives, wenn man bedenkt, daß Orange in etwa denjenigen Farbton darstellt, den das Kind im Mutterbauch etwa ab dem vierten Schwangerschaftsmonat wahrzunehmen imstande ist.

*Braun* symbolisiert als Farbe der Erde das Mütterliche, Warme und Stille. Es gibt uns ein Gefühl der Schwere und steht in Assoziation zu Holz sowie den Wurzeln der Bäume, die diesen festen Halt geben. Negativ betrachtet gerät Braun in unseren Breitengraden leicht in die Nähe zum Nationalismus.

*Hellbraun* kann den erfolgreichen Neubeginn symbolisieren. Vergleichen läßt sich das etwa mit dem Vorgang, wenn in einer braunen Eichel das Leben erwacht und die Farbe ins Hellbraune wechseln läßt, aus dem dann nach und nach ein Trieb herauswächst.

*Grün* steht für Wachstum und Leben schlechthin und bezeichnet dabei die Hoffnung auf immer wiederkehrende Naturabfolge. Es steht für Ruhe, Zufriedenheit, Hoffnung und Frische. Ähnlich wie in der Natur zeigt Grün auch bei Gebäuden das Vorherrschen von gesundem, lebendigem Ch'i an.

*Blau* wird häufig im Kontext von Wahrheit, Treue, Ruhe und Beständigkeit gesehen. Es gibt aber auch gerade in China etliche Baumeister, die die Farbe tunlichst vermeiden, da sie darin eine kühle und sekundäre Trauerfarbe sehen. Etwa unserem Verständnis entsprechend, jemand werde schon noch sein »blaues Wunder« erleben.

*Grau* gilt für viele Menschen als das Nichtssagende, das Neutrale, sozusagen als ,die graue Maus' unter den Farben. Für einen bestimmten Prozentsatz ist es jedoch auch eine positive Farbe. Es kann die Zusammenführung von Weiß und Schwarz bedeuten und würde gemäß dieser Sichtweise zu mehr Gleichgewicht sowie der Auflösung von Konflikten beitragen.

*Schwarz* schließlich wird in unseren Breiten mit Tod, Ernst, Trauer, Vergänglichkeit, Rückzug, also dem Gegenteil von Licht und Hoffnung, gleichgesetzt. Schwarz beinhaltet außerdem die Nähe zum Verbotenen, zum »Bösen«. Auf der anderen Seite vermittelt Schwarz aber auch eine Empfindung der Tiefe sowohl des Gemüts wie der Perspektive. Auch schafft es Eleganz und zieht den Blick wie menschliches Ch'i magnetisch an.

Ergänzt werden muß noch, daß Schwarz und Weiß, rein physikalisch gesehen, eigentlich gar keine Farben sind. Gerade deswegen können sie uns allerdings einiges an Transzendenz aus dem reichen Schatz der Farbeinflüsse verraten. Aus der Dualität Schwarz-Weiß können wir Elementares über das wiederkehrende Rad der Ewigkeit lernen. Entsprechend dem Yin-und-Yang-Zeichen steht Weiß für Yang, den Anfang, Schwarz für Yin, das Ende. Würde man alle Farben aufeinanderlegen, so ergäbe dies in der Summe Schwarz. Aus diesem Grunde meint Lin Yun, ein chinesischer Feng-Shui-Lehrer: »Weiß steht für eine blanke Schreibtafel, Schwarz für alles im Universum.« Diesem Verständnis gemäß sieht der immerwährende Kreislauf der Farben folgendermaßen aus: »Weiß hilft Schwarz hervorzubringen, aus dem das Weiß geboren wird.«

Das kaum erklärliche Phänomen um das Thema ,Farbe' könnte, wie aus dem letzten Satz erkennbar wird, ausreichen, um eine eigene Mystik, eine meditative Versenkung in deren ungelöste Fragen zu erreichen. Allein schon das Problem, was zuerst da war, die Farbe oder die subjektive Farbempfindung, die Stimmung oder die Farbe, die die Stimmung erzielte und dann die Farbwahl im Kontext einer Wohnung beeinflußte, die von nun ab wiederum die darin Wohnenden beeinflußt, stürzt denjenigen, der sich damit ausführlicher zu beschäftigen beginnt, in ein rational nicht zu lösendes Dilemma.

Praktisch betrachtet sollten Sie sich vor Einsatz bestimmter Farben zur magischen Stimulierung und Beeinflussung Ihrer Räume genau vergegenwärtigen, in welche Richtung Ihre Assoziationen bei den einzelnen Farben gehen. Der beabsichtigte Effekt auf Sie selbst oder eventuelle Besucher, den Sie über die Farbwahl erzielen wollen, sollte Ihnen im voraus genau bewußt sein. Als magisches Instrument im Rahmen von Bauen und Wohnen lassen sich Farben dabei im Grunde genommen unbegrenzt einsetzen.

Angenommen, Sie sind zum Beispiel in Ihrem Herzen eine Art von ,Weltverbesserer' und haben vor, andere aufzurütteln, zu provozieren oder aufzuwecken, um sich mit ihnen auseinanderzusetzen, so würde sich als Fassadenanstrich eine Farbwahl anbieten, die diesem Anspruch Tribut zollt. Beispielsweise, indem Sie kräftige und zum Teil disharmonische Farben zusammenstellen, um auf die Disharmonien in dieser Welt hinzuweisen.

Aber auch ein schlichter, pastellfarben gehaltener Anstrich wäre denkbar, in den Sie jedoch einen ins Auge springenden Blickfang einbauen. Dies könnte eine schräg verlaufende, gezackte Linie sein, so daß der Betrachter beim oberflächlichen Hinschauen das Gefühl erhält, die neue Fassade habe bereits einen Riß. Dies könnte aber auch ein kleines Mosaik oder auch nur ein einzelner roter Punkt sein.

*»Ganz wichtig finde ich persönlich die Wahl der Fußbodenfarbe. Ein weißer Fußboden zum Beispiel sieht im ersten Moment immer sehr modern und avantgardistisch aus, auch deutet er zwangsweise auf die perfekte Hausfrau hin. Andererseits macht ein so heller Fußboden auch einen kalten Eindruck. Ich kenne zwei Wohnzimmer mit weißen Fußbodenfliesen und fühle mich in keinem der beiden so richtig wohl.«*

*»Sollen es Fliesen als Fußbodenbelag sein, so finde ich ein warmes, erdiges Braun am allerschönsten. Braun ist eben ein Naturton und gibt mir das Gefühl, in meiner Wohnung immer auf eine gewisse Art mit der Erde verbunden zu sein. Ich könnte manchmal stundenlang auf unsere rotbraunen italienischen Cotto-Fliesen schauen, um immer neue Schattierungen zu entdecken.«*

*»Für die demnächst anstehende Renovierung meines Schlafzimmers habe ich einen Traum im Hinterkopf. Es sollte überwiegend aus Orange bestehen. Und zwar genau in dem Farbton, der entsteht, wenn man bei blendendem Sonnenlicht die Augen schließt. Das Orange, das man dann noch sieht, soll sich dann irgendwann mal in meinem Schlafzimmer wiederfinden. Wahrscheinlich ist das auch in etwa die Farbe, die Babys im Mutterleib sehen können, denn ganz dunkel ist es dort erwiesenermaßen ja nicht. Diese Farbe hat dann für mich auch ganz viel mit Geborgenheit zu tun.«*

*»Als Wandfarbe finde ich Weiß sehr passend, gerade wenn mehr die Möbel ihre Wirkung zeigen sollen. Auch kann Weiß durch Schatten und Lichtgebung ganz unterschiedliche Töne hervorbringen. Weiß hilft auch dem Auge, sich auszuruhen. Für Kinderzimmer oder Arbeitszimmer bevorzuge ich statt dessen ein fröhliches Gelb und nicht zu kräftige*

*Grüntöne. Grün sollte man sowieso massenhaft durch Pflanzen in die Wohnung bringen, denn Grün ist einfach die Farbe der Natur, des Wachstums und der Lebendigkeit.*

*Dunkle Ecken, die wenig Licht bekommen, führen dazu, daß das Ch'i dort nicht genügend fließt. Deshalb versuche ich, diese Zonen durch leuchtendgelbe Stoffe sowie mit goldenen Bilderrahmen, Spiegeln oder Skulpturen zum ‚Leben' zu erwecken. In einer derartigen Ecke hängt bei uns auch eine goldene venezianische Karnevalsmaske, die ihre Aufgabe dort nicht schlecht erfüllt.«*

Kommen wir nun noch einmal zur Anwendung von Farben in der Praxis. Wie entscheidet man aus der Sicht des magischen Wohnens heraus, welche Farben für Räume, für Wände, Fußböden oder Decken die jeweils richtigen sind?

Neben der spontan-intuitiven und der rational-bewußten Wahl schlage ich Ihnen hier einen ganz einfachen Weg vor: den Muskeltest. Damit können Sie am besten die Wirkung von Farben auf Ihr Energiefeld messen.

➤ *1. Schritt:* Sie besorgen sich im Schreibwarenhandel eine Vielzahl von verschiedenfarbigen Bögen und legen diese zurecht.

➤ *2. Schritt:* Nun benötigen Sie einen Partner, der zuerst einmal Ihre Armstärke im neutralen Zustand testet.

➤ *3. Schritt:* Der Partner stellt einen farbigen Papierbogen vor die Wand, die später einmal gestrichen werden soll.

➤ *4. Schritt:* Jetzt fixieren Sie eine Weile die Farbe und lassen deren Effekt auf sich einwirken. Anschließend testet der Partner die Energie des Armes, indem er versucht, diesen herunterzudrücken. Die Stärke des Widerstands gibt Ihnen einen Hinweis darauf, wie sich die Farbe an der betreffenden Seite des Zimmers auf Sie auswirkt. Testet der Arm stark, so ist die betreffende Farbe gut für Sie, testet er schwach, so probieren Sie es mit anderen Farben.

➤ *5. Schritt:* Wechseln Sie jetzt den Farbbogen gegen einen anderen aus, der ebenfalls in der engeren Wahl steht, und lassen Sie Ihren Partner erneut den Armtest mit Ihnen machen, nachdem Sie einige Sekunden die neue Farbe angesehen und sich die Frage gestellt haben: »Wie wirkt die Farbe auf mich?«

Nach diesem Muster gehen Sie jetzt Schritt für Schritt weiter. Sie ermitteln für jeden Raum, der neu gestrichen werden soll, diejenige Farbe, die auf Sie energetisch den stärksten Einfluß ausübt. Sollten Sie zu zweit oder als Familie eine Wohnung bewohnen, so können Sie auch die anderen Familienmitglieder mit Hilfe des Armtests überprüfen. Bei Abweichungen sind immer diejenigen Personen ausschlaggebend, die in erster Linie einen Raum nutzen. Und manchmal müssen auch Kompromisse eingegangen werden, wobei sich der Einfluß der Wandfarben beispielsweise durch eine geschickte Wahl von Möbeln oder farblich akzentuierten Accessoires ergänzen oder mildern läßt.

Ein weiterer Einsatzbereich der Farben läge in der Beeinflussung der Chakren. Gesetzt den Fall, Sie wissen, daß das eine oder andere Ihrer Chakren zu schwach ist und über zu wenig Energie verfügt, so können Sie hier mit Hilfe von Farben gezielt Einfluß ausüben mit dem Ziel, insgesamt eine ausgeglichene und harmonische Chakrenstruktur zu erlangen. Wenn Sie zum Beispiel jemand sind, der immer wieder umzieht, der beinahe darunter leidet, über keine rechten Wurzeln zu verfügen, und der sofort, wenn er nach der Arbeit daheim angekommen ist, sich umzieht, um auswärts irgendeinem Hobby nachzugehen, so ist mit an Sicherheit grenzender Wahrscheinlichkeit zu unterstellen, daß Ihr Wurzelchakra zu schwach ausgeprägt ist. In einem derartigen Fall wäre es ratsam, mit Hilfe der Farben Rot, Dunkelrot oder Purpur wesentliche farbliche Energieakzente zu setzen, um hierüber das unterste Chakra aufzuladen und zu stabilisieren.

Die Energien der Chakren stehen in Verbindung mit dem Parasympathikus, dem autonomen Nervensystem sowie der Hormonregelung. Auf diesem Weg wird der Körper von den Energiezentren der Chakren maßgeblich gesteuert. Im übrigen wird jedem Chakra eine bestimmte Farbe wie folgt zugeordnet:

| | | |
|---|---|---|
| Wurzelchakra | – | Rot |
| Sakralchakra | – | Orange |
| Solarplexuschakra | – | Gelb |
| Herzchakra | – | Grün |
| Halschakra | – | Blau |
| Scheitelchakra | – | Indigo |
| Stirnchakra | – | Violett (Weiß) |

Um nun die Kraft einzelner Chakren zu verstärken, wäre es ratsam, die entsprechenden Farben in Räumen zur Anwendung zu bringen. Entweder, indem Sie Teile der Wohnung, in denen Sie sich besonders häufig aufhalten, in der betreffenden Farbe streichen oder zumindest die Magie einzelner Farben durch deren Verwendung in Bildern, Postern, Blumen oder Gegenständen auf die Atmosphäre übertragen. Auf diese Weise eingesetzt, werden die Farben sich auf die Welt Ihrer Chakren stärkend wie auch harmonisierend auswirken.

Zum Abschluß des Kapitels über die Kraft der Farben stelle ich Ihnen eine kleine Übung vor, die Sie in Form einer Meditation mit dem Ziel anwenden können, Ihre Energien zu harmonisieren und auszubalancieren.

### Übung: Die Spektralfarben-Reinigung

Begeben Sie sich an einen geschützten Ort (oder auch an den Ort, an dem Sie ein Ritual vornehmen wollen). Erden Sie sich, bitten Sie um Gottes Hilfe, auch um die Unterstützung durch die Wesenskräfte des Ortes sowie Ihrer eigenen geistigen Führer, und setzen Sie sich mit geradem Rückgrat entweder auf den Boden oder auf einen Stuhl. Entspannen Sie sich anschließend.

Stellen Sie sich nun in Ihrer Phantasie in einiger Entfernung einen wunderschönen Regenbogen vor. Lassen Sie das Motiv eine Weile auf sich wirken, bevor Sie sich immer mehr dem Regenbogen annähern. Bald ist er direkt vor Ihnen, und Sie tauchen hinein. Lassen Sie sich von den farblichen Eindrücken umhüllen und durchdringen. Spüren Sie das zarte Grün in Ihrer Herzgegend, das Blau am Hals usw.

Als nächstes imaginieren Sie, wie sich nach und nach jeder einzelne Bereich der Spektralfarben durch Ihren Körper hindurchzieht. Lassen Sie möglichst keinen der Farbbereiche aus. Dieser Vorgang trägt zur feinstofflichen Reinigung von Körper, Seele und Aura bei und stellt deshalb auch eine gute Vorbereitung für jede Art von Energie- und Schutzarbeit dar.

Alles in allem betrachtet, handelt es sich bei dem Thema ‚Farben und ihre Magie‘, genauso wie bei dem Thema ‚Heilende Pflanzen‘, um einen fast unerschöpflich großen Bereich. Farben wirken durch feinste Schwingungen auf uns dauerhaft ein, können somit sehr positiv für uns sein. Wählen wir Farben ganz intuitiv aus, so zeigen sie uns, welcher Farbtyp wir sind. Was sie uns jedoch nicht anzeigen, ist der Umstand, ob wir in guter oder schlechter Beziehung zu uns stehen. Dies können wir immer erst an den Resultaten erkennen. Daran also zum Beispiel, wie unser Leben verläuft, ob es uns gut- oder schlechtgeht. Denn es ist gut möglich, daß wir immer genau diejenigen Farben auswählen, in der Meinung, diese würden zu uns passen, die uns eher hemmen oder in unserer Entwicklung negativ beeinflussen. Dieses Phänomen läßt sich übrigens in vielen Lebensbereichen feststellen. Zum Beispiel, wenn Menschen in Beziehungen immer wieder unbewußt Partner auswählen, mit denen Probleme oder Krisen vorprogrammiert sind. Oder auch wenn Menschen nach einem Umzug fast roboterhaft gesteuert ihr Bett wieder unbewußt auf eine Wasserader stellen, als könnten sie ohne den unterirdischen Einfluß kaum leben.

*»Bei der Wahl meiner neuen Küche habe ich mir so richtig Zeit gelassen. Ich wollte eine Reihe von Schwerpunkten setzen. Für den Bereich des Frühstücks habe ich mir einen mittelgroßen Hängeschrank zugelegt. Dieser ist gelb gestrichen und soll mir durch seine Farbe schon gleich morgens früh signalisieren, daß die Sonne aufgeht. Gerade der Morgen stellt für mich eine heilige Zeit dar. Denn wenn das Frühstück mit den Kindern vorbei ist, überfällt mich die Flut der Eindrücke und Verpflichtungen, so daß ich kaum noch zur Ruhe komme.«*

Magische Farbwahl und kreative Farbgestaltung können unser Unbewußtes einerseits positiv aktivieren, uns selbst wiederum aufzeigen, wo wir stehen – gesetzt den Fall, wir sind bereit, dies zu erkennen und zuzulassen. Und noch ein Tip zum Schluß: Dann und wann kann es wichtig sein, sich auch einmal den Rat von Fachleuten zu holen – vor allem wenn wir uns nicht ganz sicher sind, ob das, was wir gerade planen, auch richtig ist.

# Raumreinigen aus spiritueller Sicht

*Laßt uns gemeinsam die Heilige Pfeife rauchen. Ihr
Rauch geht höher zum Schöpfer, als eure Stimme reichen
kann. Im Rauch sind die Gebete, die weit bis hinter die
Wolken reichen. Es ist unsere Überzeugung, daß der
Rauch der Heiligen Pfeife uns allen Frieden bringt.«*
Peter Bearwalks, Medizinmann

»Ich bin es langsam leid, jeden Tag zu fegen und zu putzen. Das nimmt ja
nie ein Ende, weil irgendwer immer wieder Schmutz reinträgt. Ich will endlich mal etwas tun, was mir mehr Befriedigung verschafft ...« Immer wieder
hört man, insbesondere von Frauen, diesen Ausspruch. Einen Ausspruch,
hinter dem sich der gesellschaftlich gepflegte Umgang mit dem Thema
‚Sauberkeit' verbirgt. Etwas zu säubern oder zu reinigen steht in unserer
Gesellschaft in keinem guten Ruf. Kinder und Ehemänner drücken sich, so
gut es geht, vor dieser Aufgabe, Hausfrauen leiden unter den ungedankten,
weil immer wiederkehrenden Arbeiten, und diejenigen, die es sich leisten
können, lassen die Reinigung von Wohnung, Geschäft, Praxis oder
Grundstück von anderen erledigen.

Nicht selten kommt es in diesem Zusammenhang vor, daß andere über
diejenigen, die entweder aufgrund ihrer Rolle oder aufgrund ihres Berufs
mit Schmutz oder Unordnung zu tun haben, abfällig reden. Denken wir nur
einmal an die sogenannten »Reinigungskolonnen« – gebildet in der Regel
von Frauen, die die Büro- oder Verkaufsräume immer erst dann betreten
dürfen, wenn der öffentliche Kundenverkehr vorüber ist. Woraus abzulesen
ist, daß die Chefetage darauf bedacht ist, die schöne, glänzende, beschwing-
te Seite strikt von der unangenehmen, schmutzigen, beschwerlichen zu tren-
nen. Oder betrachten wir uns das geflügelte Wort vom »Putzteufel«, worunter jemand verstanden wird, der immer besonders intensiv damit beschäftigt
ist, etwas sauberzumachen. Wird hierbei nicht auf ganz unterschwelligem,

diffizilem Wege dem Prinzip des Reinigens, Ordnens und Ausmistens ein Hauch des ‚Diabolischen‘ zugeordnet – zu sehen in der Kombination von ‚putzen’ und ‘Teufel‘? Wird hier nicht, ohne daß wir uns dessen bewußt sind, in uns ein Gefühl erweckt, als sei das Reinigen von Räumen und Wohnungen ein Ding des Teufels, somit also mit negativer Magie belegt?

Wir sind heute an einem Punkt angelangt, an dem das Thema ‚Saubermachen, Reinigen und alles, was damit zusammenhängt‘ sowohl vom Image her wie auch im Hinblick auf die Bezahlung der Tätigkeit ganz an unterster Stelle innerhalb der gesellschaftlichen Hierarchie steht. Hierzu paßt auch die Tätigkeit der Mütter und Hausfrauen, die in erster Linie für den Bereich an häuslicher Ordnung und Sauberkeit verantwortlich sind. Vor dem gesellschaftlichen Hintergrund ist es verständlich, daß von ihnen oft großes Mißfallen über die ständig wiederkehrenden Abläufe empfunden wird und man nicht selten das undankbare Los verflucht. Beinahe durchgängig dominiert deshalb zwangsläufig bei vielen von ihnen die Vorstellung, daß Selbstverwirklichung und Selbstbestimmung nur im bezahlten Berufsleben zu erlangen seien.

Es soll an dieser Stelle nicht für die weitere Verfestigung der bisherigen klassischen Rollen- und Aufgabenverteilung plädiert werden. Vielmehr soll diese Einführung erstrangig den Blick dafür schärfen, wie wir mit dem aufgeworfenen Thema zur Zeit umgehen. Denn rückblickend betrachtet war dem Thema ‚Reinigung‘ eine ganz andere Funktion zugeordnet gewesen. Saubergemacht oder entstaubt wurde früher einmal mit einer gänzlich anderen Intention. Mit einer geistigen Haltung, die uns heute weitestgehend verlorengegangen ist.

Legte man früher Tischdecken, Bettwäsche oder Teppiche in den Schnee, so ging es zwar um Säuberung, aber nicht, ohne sich dabei vorzunehmen, die dunklen Geister mit Hilfe des weißen Schnees zu vertreiben. Klopfte man früher Teppiche im Freien aus, so ging es darum, neben dem Sand und Staub auch verfestigte energetische Partikel an die Natur zurückzugeben. Das Putzen der Fenster geschah ebenfalls weniger aus Eitelkeit, sondern aufgrund der Motivation, unverschmutztes strahlendes Licht durch die ‚Augen‘ seines Hauses ins Innere der Wohnung gelangen zu lassen. Und vollzog man ehemals den sogenannten Frühjahrsputz, so ging es neben dem Putzen und Wischen auch um die geistige Reinigung, um die innerliche Vorbereitung auf das Einsetzen des neuen Wachstumszyklus mit Aufbrechen der Erde,

Aufbrechen der Knospen, mehr Helligkeit und Wärme. Das, was im Inneren der Wohnung sozusagen gedeihen sollte, sollte auf ‚sauberen Boden‘ fallen.

### Übung: Das Erkennen unserer eigenen Haltung

Wie gehen Sie mit dem Thema ‚Hausputz‘ um? Wie denken Sie darüber? Vielleicht werden Sie Ihre geistige Haltung zum Thema Sauberkeit und Reinlichkeit überdenken müssen. Halten Sie deshalb einen Moment inne, und überlegen Sie bitte für eine Weile, was Ihnen zum Thema Sauberkeit und Reinigen einfällt. Beispielsweise, indem Sie leise innerlich die folgenden Satzanfänge formulieren und sie dann zu Ende bringen: »Sauberkeit bedeutet für mich ...« Oder auch: »Etwas reinigen heißt ...« Dann schreiben Sie Ihre Gedanken auf einen leeren Zettel.

Gehen Sie dann anschließend noch eine Ebene tiefer, und spüren Sie einmal, ob sich zu den aufgeschriebenen Aspekten bei Ihnen jeweils auch ein Gefühl einstellt. Ist es Lust oder Frust, Freude oder Belastung, Freiheit oder Begrenzung? Sind es positive oder negative, angenehme oder unangenehme Empfindungen?

Seien Sie ehrlich zu sich selbst, selbst wenn es anfangs »weh« tun sollte.

In der Regel werden heute sowohl die Begriffe ‚Sauberkeit‘ und ‚Reinigen‘ wie auch der Vorgang des Reinigens selbst weitestgehend von ihren Wurzeln entfremdet verstanden. Reinigen stand ursprünglich in enger geistiger Verbindung zu »rein« und meinte damit dasjenige, was unverfälscht, unbefleckt und damit unbeeinflußt von Verschmutzung ist. Ein Zustand also, den mystische Lehren, magische Praktiken und weltliche Philosophien seit Jahrtausenden anzustreben trachten. Etwas zu säubern oder etwas zu reinigen sollte demzufolge eigentlich keine Handlung sein, die aus purem Selbstzweck heraus erfolgte oder als ritualisiertes Tagesgeschäft der ‚putzenden Hausfrau‘ zu verstehen war, sondern sollte vom Ursprung her im Grunde genommen ganz anderen Zwecken zugeordnet werden.

Denken wir etwas weiter und beziehen den Vorgang des Reinigens auf uns selbst, so nähern wir uns dessen eigentlichem Wesen. Betrachten wir hierfür unser jetziges Leben einmal kurz unter der Magie der spirituellen Suche.

Entscheide ich mich für das Beschreiten eines spirituellen Weges, so rückt das absichtliche und auf freiem Willen basierende Einhalten bewußter Verhaltensweisen mit dem Ziel der eigenen Entfaltung und Weiterentwicklung in den Mittelpunkt meiner Bemühungen. Ausgehend davon, daß unser Geist verschmutzt und unrein ist, bedeutet die Entscheidung für einen spirituellen Weg dabei immer in erster Linie die Läuterung von Körper, Seele und Geist. Mit diesem alten und heute nur noch selten gebrauchten Wort ist die Säuberung, das heißt Befreiung unseres Wesens von Verunreinigungen und Schwächen mit dem Ziel gemeint, das Niveau an energetischer Schwingung anzuheben. Darum anzuheben, um die Abläufe des Universums bewußtseinsmäßig auf höherer Stufe zu durchdringen und sich von den sogenannten ‚Niederungen der Alltäglichkeit‘ – von Habsucht, Angst, Haß, Aggression, Eifersucht, Selbstgefälligkeit und vielem anderen mehr zu lösen.

Allerdings wird es nicht immer einfach sein, diesen Weg auch konsequent einzuhalten, da der Geist zwar meistens willig, der Körper jedoch oftmals schwach ist. Demzufolge müssen wir zusätzlich Eigenschaften, wie ausdauerndes Bemühen, Selbstverantwortung und gute Motivation, welche auf dem dornenreichen Weg der Selbsterkenntnis unersetzlich sind, ebenfalls entwickeln. Denn so gut sollten wir uns eigentlich kennen, um zu wissen, daß Selbstzweifel, Unlust und Abschweifungen häufig als Gefahren zu sehen sind, die uns von unserem ursprünglich gefaßten Vorsatz abbringen wollen. Anders ausgedrückt, kämpft das ‚Gute‘ in uns den lebenslangen Kampf mit dem ‚Bösen‘.

Vor einigen Jahren kam ein Mann zur Beratung und berichtete von den vielfältigsten Problemen. Er litt unter Ängsten und Zwängen, fühlte sich ständig so unausgeglichen, daß er sich nie auf Beziehungen zum anderen Geschlecht einlassen konnte, und wurde darüber hinaus regelmäßig von diversen körperlichen Erkrankungen geplagt. Nach einigen Vorgesprächen wurde ihm dringend geraten, erst einmal in seiner Wohnung für Ordnung zu sorgen, bevor man mit weiteren therapeutischen Gesprächen würde fortfahren können.

Bis zu diesem Moment hatte er sehr engagiert mitgearbeitet, hatte sich Gedanken gemacht, philosophiert und vieles mehr. Nun aber ließ er sich plötzlich nicht mehr in der Sprechstunde sehen. Anscheinend fühlte er sich ertappt, denn im Grunde genommen hatte er sich entschieden, lieber zu jammern, statt etwas wirklich real zu verändern. Übertragen gesehen beginnt selbst eine Reise von vielen tausend Kilometern immer noch mit dem ersten Schritt – der bekanntlich immer der schwerste sein soll.

Nun aber zurück zu den verschiedenen Möglichkeiten der Reinigung von Wohnräumen. Auf der untersten Stufe ist zweifelsohne der ganz konkrete praktische Vorgang des Saubermachens anzusiedeln. Das heißt, daß äußerlich sichtbare Staub- und Schmutzteilchen mit dem Ziel entfernt werden, alles wieder optisch und oberflächlich rein erscheinen zu lassen. In der Regel verrichten wir diese Tätigkeit ganz schematisch, wobei zu kritisieren ist, daß wir uns meistens viel zuwenig mit der tieferen Problematik an sich auseinandersetzen, die sich hinter dem Phänomen »Schmutz« verbirgt.

Um das Phänomen geistig zu durchdringen, denken wir noch einmal kurz darüber nach. Daß wir Schmutz und Dreck über unsere Schuhe ins Haus tragen, ist für jeden nachvollziehbar. Nicht umsonst wird vielerorts darauf Wert gelegt, daß Bewohner wie Besucher die Schuhe an der Haustür abstellen. Dreck, Sand und Schmutz sind etwas, was in der Natur vorkommt und natürlich über die Schuhe ins Haus hereingetragen werden kann. Nur: Was ist das eigentlich, was wir als »Staub« erkennen? Etwas derartiges kommt in der Natur gar nicht vor. Das heißt, Staub ist etwas, was sich rein auf gebaute Räume bezieht – hier also entwickelt wird. Sicherlich besteht Staub aus feinsten Partikelchen unterschiedlichster Anteile, gebildet aus den vorfindbaren Materialien. Und dennoch kommt dem Phänomen Staub eine zweite, feinstoffliche Bedeutung zu. Im Staub sind nämlich Schwingungen und Informationen der an diesem Ort wirkenden Kräfte, aber auch geistige Inhalte der in dieser Wohnung lebenden Menschen enthalten. Man könnte auch sagen, daß Staub »Ausdruck von materialisiertem, abgestorbenem menschlichem Bewußtsein« bzw. von Verbrauchtem ist.

Um zu reinigen, zu säubern oder zu klären, nehmen wir die verschiedensten Putzvorgänge vor. Allerdings sind Staubwischen, feuchtes Überwischen, Staubsaugen und anderes mehr erst einmal nur praktische Verfahrensweisen, die im Grunde genommen mittelfristig nutzlos, weil oberflächlich bleiben. Das Ziel müßte für uns darin bestehen, unser Handeln mit einer tieferen Intention zu verrichten.

Wichtig ist, daß die häusliche Umgebung zum Wohlbefinden und zur Gesundheit ihrer Bewohner beiträgt. Allerdings kann die Wohnungsatmosphäre durch vielfältige Einflüsse beeinträchtigt werden. Zum Beispiel durch negative Ereignisse, durch Bewohner, die einem nicht wohlgesonnen sind, durch Krankheiten, Todesfälle, Einbrüche, durch Fotos, die an schlechte Zeiten erinnern, oder Blumen, die inzwischen abgestorben sind.

*»Eigentlich putze ich ganz gern – damit verbinde ich Ordnung, Reinlichkeit und auch guten Ruf. Ich weiß von mir, daß ich nörgelig und unausgeglichen werde, wenn es zu Hause schmutzig ist. Irgend etwas nimmt mir die Luft, und Appetit entwickele ich auch nicht mehr.«*

Das wesentliche Element bei der Reinigung von Räumen ist das Wasser, da es am besten in der Lage ist, Staub, aber auch unsichtbare Kräfte zu binden. Es kommt aus der Erde, und es fließt zurück in die Erde, wobei es den aufgenommenen Schmutz wie die feinstofflichen Kräfte mitnimmt. Wasser spielt deshalb beim Aufwischen, Abwaschen und Staubwischen eine Rolle, kann aber auch genutzt werden für Aromalampen, um Düfte zu verbreiten. Etwas unbekannter ist der Einsatz von Wasser als Filter in neuen Staubsaugertypen, wobei auch jeglicher feinster Staub absorbiert wird, der ansonsten in herkömmlichen Saugern mit Staubbeuteln ständig entweicht und gerade für Allergiker ein großes Problem darstellt.

Sollte mehr das Reinigen der Räume von geistigen Wesenheiten im Vordergrund stehen, so bietet sich statt des Einsatzes von Wasser zum Beispiel an, Räucherwerk (Salbei, Süßgras, Weihrauch) oder Duftkerzen (Sandelholz, Lavendel) zu entzünden. Danach sollten Sie laut zu den unsichtbaren Wesen sprechen und ihnen mitteilen, daß sie doch bitte diese Örtlichkeiten verlassen mögen, da man die Räume jetzt für die eigenen Zwecke benötigen würde. Anschließend ist es ratsam, die Fenster demonstrativ zu öffnen und auf die Räume eine Weile positive Gedanken oder auch die universelle Lebenskraft ‚Reiki‘ zu schicken, um den Wesen das Entschwinden zu erleichtern. Zum Ende rundet das Versprühen der Bach-Blütenessenz ‚Crap Apple‘ diesen Vorgang ab.

## Übung: Geistiges Raumklären

Stellen Sie sich in die Mitte des Raumes, den Sie positiv beeinflussen wollen. Nun imaginieren Sie, als würde um Sie herum ein kräftiger Wirbelwind aus weißem Licht entstehen. Dieser soll sich in immer größeren Spiralen im Uhrzeigersinn weiterbewegen, bis er schließlich das Raum-Ch'i selbst in den entlegensten Ecken erfaßt hat. Zwingen Sie mit Hilfe Ihrer Konzentrationskraft selbst ruhende oder in Winkeln abgelagerte oder gestaute Energie dazu, wieder lebendig zu werden. Mit Hilfe des weißen Gedankenwirbels reinigen und energetisieren Sie die Atmosphäre des Raumes, zwingen sogenannte ‚dumpfe' Energie dazu, in schwingende transformiert zu werden.

In der Regel reichen drei bis fünf Minuten aus, um einen Raum auf diese Weise energetisch-mental zu reinigen. Aber hören Sie nicht genau nach Ablauf der fünf Minuten auf, weil die Zeit um ist, sondern besser erst dann, wenn Sie das Gefühl haben, mit Hilfe Ihrer Geisteskraft auch tatsächlich den gesamten Raum gesäubert zu haben. Wenn Sie wollen, gehen Sie nun in den nächsten Raum und machen hier auf die gleiche Weise weiter.

Zusammengenommen betrachtet kommt dem Reinigen von Räumen eine doppelte Funktion zu. Auf der einen Seite befriedigt es das Bedürfnis nach Sauberkeit, Unverschmutztheit und Ästhetik. Hierdurch wird allein schon optisch der Eindruck von Aufgeräumtheit und innerer geistiger Ordnung vermittelt. Auf der anderen Seite trägt es dazu bei, verstaubte und abgestorbene alte Bewußtseinsgehalte zu entfernen. Weiterhin sorgt es dafür, Wohnungen von Wesenheiten, gefangenen Seelen und Besetztheiten gründlich zu säubern.

Und selbst wenn Sie meinen, Sie verfügen über energetisch völlig unvorbelastete Räumlichkeiten, oder Sie ziehen in ein neues und gänzlich nach baubiologischen Kriterien gebautes Haus ein, werden Sie sich möglicherweise wundern. Denn wissen Sie, was sich in früheren Jahrhunderten oder gar Jahrtausenden an diesem Ort ereignet hat? Vielleicht handelte es sich beispielsweise um das Gebiet einer Grabstätte, die zwar heute nicht mehr zu erkennen ist, deren Energien dennoch in Form unsichtbarer Informationen an den Ort gebunden sind. Große Teile der Erdoberfläche sind seit ewigen Zeiten von Wesenheiten besetzt. So gesehen ist es sinnvoll, dieses Wissen in sein Handeln und Wirken mit einzubeziehen.

Letztlich vermitteln äußerlich wie spirituell gutgereinigte Wohnungen nicht nur optisch ein sauberes Bild, sondern strahlen im Gegensatz zu verwahrlosten auch eine ganz andere Schwingung ab, was selbst auf der

Geruchsebene wahrgenommen werden kann. Immer wieder können Teilnehmer meiner Vertiefungsseminare dieses Phänomen feststellen. Wir reinigen anfangs den Gruppenraum energetisch, der manches Mal einige Wochen lang leergestanden hatte, mit Hilfe von Reiki. Dann holen wir Blumen hinzu und legen ein Mandala auf dem Fußboden aus. Oft stimmen wir uns auch mit Hilfe einer kleinen Meditation auf die Thematik des Seminars ein und versuchen dadurch, das Energieniveau im Raum anzuheben. Regelmäßig stellen die Teilnehmer dann nach einiger Zeit fest, daß sich sowohl die Energie wie auch der Geruch des Raumes eindeutig positiver und frischer anfühlen als zuvor.

*»Putzen ist für mich so etwas wie ein heiliger Akt. Ich weiß, daß ich im Grunde genommen nie einen Zustand erreichen kann, wie ich ihn gern hätte. Denn bin ich mit dem letzten Zimmer, dem letzten Fenster fertig, so ist es am anderen Ende der Wohnung schon wieder ein bißchen schmutzig. Deshalb putze ich heute nicht mehr mit dem Ziel, alles irgendwann einmal sauber zu haben, sondern eher, weil es mich befriedigt. Putzen ist somit der Weg, nicht mehr das Ziel, das ich erreichen will.«*

# Der Ort zum Leben und Wohlfühlen

*Ein Mensch fühlt sich dort zu Hause, wo er sich mit*
*seiner Umgebung in Übereinstimmung befindet.*
Philippa Waring

In den vorangegangenen Kapiteln haben wir viel über die diversen Grundlagen und Anwendungsbereiche magischen Wohnens erfahren. Jetzt soll an einem konkreten Beispiel, wie es landauf, landab tagtäglich vorkommt, veranschaulicht werden, wie sich die einzelnen Bereiche zusammenführen lassen. Dies wird in mehreren Schritten erfolgen.

### Der erste Schritt:
### Was ist es, wonach ich suche?

Sie haben es selbst in der Hand, zu entscheiden, wo Sie leben oder wohin Sie ziehen wollen. Dieser Ort sollte allerdings wohlweislich ausgewählt werden, denn er wird maßgeblichen Anteil an Ihrer gesundheitlichen, persönlichen und auch finanziellen Zukunft haben. Diesen Aspekt sollten Sie sich vorab ganz bewußt vor Augen halten und erst danach mit der wirklichen Suche beginnen. Denn die vorherrschenden Rahmenbedingungen werden bereits grundlegend darüber entscheiden, inwieweit sich jemand gesund, ausgeglichen und zufrieden fühlt. An Orten mit schlechten Energien können Sie zwar nachträglich einiges beeinflussen und korrigieren, besser wäre es jedoch, wenn Sie von vornherein ‚gestörte, kranke Orte‘ tatsächlich ausschließen würden. Zum Glück ist der Wohnungsmarkt heutzutage längst nicht mehr derart überlastet wie noch vor einigen Jahren, so daß nicht mehr die unbedingte Notwendigkeit besteht, die erstbeste Wohnung auch gleich zu nehmen.

Um zu wissen, wonach Sie überhaupt suchen sollen, ist es unumgänglich, sich zunächst einmal zu überlegen, was Sie von dem Ort erwarten, der in absehbarer Zeit Ihr neuer Lebensmittelpunkt sein soll. Über welche Qualitäten sollte er verfügen, und was wünschen Sie sich an Rahmenbedingungen? Wie denken Sie über Faktoren wie Autoverkehr, Industrieabgase, Arbeitsmöglichkeiten, Umweltbelastung sowie Verfügbarkeit öffentlicher Verkehrsmittel? Welche Bedeutung räumen Sie Kino, Bibliothek, Theater, Museen – oder auch ökologischen Aspekten ein? Wäre für Sie ein gutes nachbarschaftliches Verhältnis unerläßlich, oder möchten Sie lieber anonym wohnen? Der bekannte Zukunftsforscher Robert Jungk hat einmal gesagt, je genauer wir uns ein Bild von der Zukunft machen, wie wir sie sozusagen schon im Vorausträumen erschaffen, um so größer ist die Wahrscheinlichkeit, daß diese dann auch genau so eintritt.

### Übung: Die Zukunft vorausplanen

Tragen Sie alles das zusammen, was Sie sich von einer für Sie guten Wohngegend erwarten. Sammeln Sie Ideen, und schreiben Sie diese auf. Möchten Sie zum Beispiel in einem Neu- oder Altbau wohnen? Welche Räumlichkeiten benötigen Sie? Oder auch: Welche Helligkeit und Schwingung sollte in der neuen Umgebung herrschen? Vergessen Sie auch nicht die Frage, bei welchem Ihrer Lebensziele Sie die neue Wohnung unterstützen sollte.
Schreiben Sie alsdann alle Punkte in Form einer Stichwortsammlung auf ein rundes Blatt Papier, um auch hier schon anzudeuten, daß die Sache »rund« werden, also gelingen soll. Zünden Sie als nächstes eine Duftöllampe an, und geben Sie einige Tropfen Ysopöl zwecks guten Gelingens Ihres Vorhabens hinein. Nun halten Sie das Blatt Papier eine Weile in die aufsteigenden Düfte und lassen die Energie von Ysop sich mit den Wünschen verbinden.
So vorbereitet legen Sie alsdann das Papier an einen Ort Ihrer jetzigen Wohnung, zu dem Sie eine besonders gute Beziehung haben, und schmücken den Rand des Blattes mit frischem Rosmarin.
Von nun an widmen Sie sich neun Tage lang täglich Ihrem ‚Wunschzettel‘. Dies kann durch gute Gedanken, durch Übertragung von Reiki oder auch durch kreatives Visualisieren geschehen. Sie werden merken, wie die Kraft Ihres Wunsches immer klareren Ausdruck anzunehmen beginnt.

Im Grunde genommen kommt der mentalen Einstimmung die größte Bedeutung zu. Sind wir hier sehr unklar, so kann uns das Schicksal nur schwer etwas Passendes anbieten. Haben wir statt dessen unseren Geist geklärt und sind uns bewußt, was wir wollen, so steigt die Chance um ein Vielfaches, daß unsere Wünsche auch tatsächlich Wirklichkeit werden. Genau wie jede Reise mit dem ersten Schritt beginnt, kommt es auch hier darauf an, so etwas wie eine Lunte anzuzünden, die von nun an unablässig brennt und Sie bei der Suche nach dem zukünftigen Ort zum Leben und Wohlfühlen unterstützt. Positiv anzumerken wäre bei dieser mentalen Verfahrensweise noch, daß wir nicht unbedingt gezwungen sind, den richtigen Ort selbst zu suchen, sondern daß dieser uns möglicherweise auf ganz zufällig-magische Art auch angeboten werden kann – daß er uns sozusagen zufällt. Wir müssen dann nur bereit sein, auch tatsächlich zuzugreifen.

Beachten sollten Sie im übrigen bei diesem vorgeschalteten Schritt noch, daß sich Haus und Umgebung, welche Sie anvisieren, nicht im Ungleichgewicht befinden sollten. Gemäß traditioneller Auffassung sollte sich das Lebensumfeld statt dessen durch ein optimales Zusammenwirken verschiedener Elemente auszeichnen, um ein Höchstmaß an Harmonie zu dokumentieren. Hierzu zählen gemäß chinesischer Denkweise Holz, Feuer, Wasser, Erde und Metall.

Demzufolge ließe sich im Idealfall zum Beispiel ein Haus mit spitzem roten Dach (Feuer), umgeben von lockerem passenden Waldbestand (Holz), auf einem genügend großen Grundstück (Erde) denken. Ein kleiner See, ein Bach oder ein künstlicher Springbrunnen (Wasser) würde gemeinsam mit einem schmiedeeisernen Zaun (Eisen) das Gesicht des Umfeldes komplettieren.

Nun wird sich so ein Idealfall natürlich selten finden lassen. Deshalb ließe sich später einmal durch die Verwendung angemessener Hilfsmittel eine Korrektur oder Ergänzung auch in symbolischer Weise vornehmen. Ein fehlendes Element Feuer könnte u. a. durch einen rotblättrigen, spitzwachsenden Baum ersetzt werden. Erde brächte man in Verbindung mit liegenden, z. T. rechteckigen Formen in gelbbräunlicher Farbe. Ein silberner oder goldener (ersatzweise weißer) Kreis stünde für das Element Metall, während fließende, bewegte Formen das Element Wasser darstellen könnten. Holz schließlich fände seine Entsprechung in aufrecht stehenden Rechtecken in Grün oder angrenzenden Farbtönen.

## Der zweite Schritt:
## Die Berücksichtigung unsichtbarer Einflüsse

Ging es im ersten Schritt vorrangig um sichtbare und bewußt wahrnehmbare Gegebenheiten, so soll dieser Einfluß nun durch die unsichtbaren, unbemerkt wirkenden ergänzt werden.

Gemeint ist dabei alles das, für was sich der Begriff ‚Erdstrahlen‘ eingebürgert hat. Hierzu zählen sämtliche Faktoren und Einflüsse, die ihren Ursprung unterhalb der Erdoberfläche haben und dabei weitestgehend vom Untergrund, dem Inneren der Erdschicht also, abhängen – wie beispielsweise unterirdische Wasseradern, Brüche in der Erdkruste, ausströmende Gase, Elektromagnetismus, tektonische Verwerfungen, krankmachende Globalgitternetze und vieles anderes mehr.

Jede unterirdische Struktur entwickelt eigene Energien, die von unten nach oben wirken und somit das Leben an der jeweilig darüberliegenden Stelle beeinflussen können. Verkürzt ausgedrückt, geben unterirdische Felder mit gestörten Zonen nach oben ‚negative‘ Energie (pathogene Strahlung) ab, während hingegen intakte Zonen nach oben harmonisierend und positiv wirken, woran eines der ‚geistigen Grundgesetze‘ deutlich wird: »wie unten, so oben«.

Um sich nicht freiwillig von vornherein irgendwelchen krankmachenden Erdstrahlungen auszusetzen, ist es ratsam, gestörte Zonen zu meiden und Orte zu wählen, an denen gute terrestrische Bedingungen herrschen. Ansonsten müßten später zum Teil aufwendige Verfahrensweisen zur Korrektur oder Entstörung von erdgebundener pathologischer Strahlung durch Blockieren, Brechen, Zurückwerfen, Absorbieren oder auch Transformieren eingeleitet werden.

Das Wissen um die unterirdischen Einflüsse ist bereits jahrtausendealt. Und dennoch war es ein Verdienst deutscher Radiästhesisten, die mit systematischen Forschungen begannen und so ein neues Bewußtsein für diese Dinge schufen. Ihren Erkenntnissen zufolge kam der Arzt Dr. Hager zu der Aussage: »Wer dafür sorgt, daß sein Bett nicht in schweren Erdstrahlen steht, und wer auch tagsüber bei der Arbeit nicht dauerhaft einer starken Erdstrahlung ausgesetzt ist, kann niemals an Krebs sterben.«

In der Praxis hieße das konkret, daß man nicht nur die sichtbaren störenden Faktoren bei der Wahl des zukünftigen Wohnortes bewußt ausschließen sollte (beispielsweise Bauplätze auf ehemaligen Mülldeponien, verstrahlte Gebiete, Wohnungen an lauten, gefährlichen Straßen etc.), sondern sich auch darum kümmern müßte, nicht auf terrestrischen Störzonen zu bauen oder sich Wohnungen einzurichten, die auf starken Wasseradern liegen. Derartige Störzonen lassen sich mit ein wenig Sensibilität beinahe von jedem Menschen ohne größere Probleme erkennen. Die gebräuchlichsten Hilfsmittel hierbei sind Wünschelrute, Biotensor und Pendel. Aber auch mit Hilfe des Armtestes lassen sich negative Erdeinflüsse feststellen.

Besonders einfach ist der Nachweis geopathologischer Belastungen, wenn eine Wohnung leer oder das Grundstück noch unbebaut ist. In derartigen Fällen kann man sich ohne Probleme in den Örtlichkeiten frei bewegen und die unsichtbaren Einflüsse sichtbar machen. Sollten Sie sich selbst diesen Vorgang nicht zutrauen, so können Sie sich natürlich auch an einen geprüften Rutengänger wenden, der Ihnen bei der Ermittlung eventueller Störzonen behilflich sein kann.

## Der dritte Schritt:
## Die Suche kann beginnen

*Man muß in Utopien denken, wenn man*
*in der Realität ein Stück vorankommen will.*
Günter Myrell, Autor und Philosoph

Nachdem Sie in den ersten beiden Schritten die Grundlagen gelegt haben, kann nun mit der eigentlichen Suche begonnen werden.

Hierbei lassen sich, je nach Temperament, eine Reihe unterschiedlicher Wege denken. Jemand, der geprägt ist von einem indianisch-schamanischen Naturdenken, wird womöglich nach dem Motto verfahren: »Ich werde dorthin gehen, wohin mein Herz mich führt«, während auf der anderen Seite ein Mensch mit gänzlich negativ-nihilistischer Einstellung gemäß dem Motto handeln würde: »Es kann mir doch egal sein, wo ich wohne. Überall ist doch irgend etwas nicht in Ordnung.«

Andererseits kann das konkrete Vorgehen auch von Pragmatismus (»Wenn mir die Wohnung zusagt und ich sie bezahlen kann, dann nehme ich die erstbeste«) bis hin zur spirituellen Suche (»Meine Wohnung sollte mir in erster Linie erlauben, meine Seele weiterzuentwickeln«) reichen.

Ich möchte mich an dieser Stelle eher mit letzterer Haltung beschäftigen und Ihnen einige Ideen vermitteln, wie Sie konkret bei der Suche verfahren können. Gesetzt den Fall, Sie vertrauen weniger dem Zufall, also darauf, daß Ihnen der zukünftige Ort wie schicksalsgegeben über den Weg läuft, sondern wollen selbst Ihren Teil dazu beitragen, können Sie dies auf zweierlei Arten tun:

Intuitives Erspüren: Besorgen Sie sich eine Karte derjenigen Gegend oder Ortschaft, in der Sie leben wollen. Setzen Sie sich dann davor, und meditieren Sie eine Weile. Bitten Sie Ihre geistigen Führer um Hilfe bei der Suche. Anschließend beginnen Sie mit den Augen, wie auch den Händen, die Gegebenheiten der Karte zu erspüren. Stellen Sie fest, wohin es Sie zieht, ohne zu wissen, wie es dort in natura aussieht. Lassen Sie alles so lange auf sich wirken, bis Sie eindeutig wissen, wohin Sie sich wenden sollen. (Auf gleiche Weise können Sie auch das Pendel oder den kinesiologischen Armtest anwenden.)

Traum und Vision: Eine ganz andere Vorgehensweise ist die Nutzung von Trauminhalten. Rufen Sie hierfür vor dem Schlafengehen Ihre Helfer und Schutzgeister auf, Ihnen in Ihren Träumen klare Botschaften hinsichtlich der zukünftigen Wohnung zukommen zu lassen. Legen Sie sich zur Sicherheit neben Ihr Bett etwas zu schreiben, um eventuelle Visionen noch während der Nacht aufschreiben zu können, da sonst manchmal die Gefahr besteht, daß diese bis zum Morgen wieder ins Unterbewußtsein abgesunken sind. Wenn Sie dieses Verfahren noch intensivieren wollen, so besorgen Sie sich ein grünes Seidenband und frisches Eisenkraut. Legen Sie beides vor dem Schlafengehen für eine Weile auf Ihre Stirn, so daß sich die anregende Kraft dieses ‚Zaubers' auf Ihren Geist überträgt. Natürlich kann es sein, daß Sie die Inhalte der Träume nicht sofort entziffern können. Dann bitten Sie in den nächsten Nächten um eine Konkretisierung.

*»Viele Jahre schon ist es her, daß ich bei der Fahrt durch einen Nachbarort ganz spontan zu meiner Frau sagte: »Laß uns das Haus da vorn doch kaufen.« Uns war ein ziemlich heruntergekommenes, aber in schönem Jugendstil gebautes altes Haus aufgefallen. Das Kuriose dabei war, daß wir damals nicht einmal wußten, ob das Haus überhaupt zu verkaufen gewesen war ... Inzwischen wohnen wir darin, haben es zum größten Teil in Eigenregie selbst renoviert und ein wenig um- und aus-*

*gebaut. Immer wieder werden wir heute gefragt, wie wir das Glück hatten, ein derart schönes Haus ergattert zu haben. Und ehrlich gesagt, das Staunen der Leute würde noch größer, wenn sie erfahren würden, was wir damals dafür zu bezahlen hatten.«*

### Übung: Wo kann ich bauen oder wohnen?

Wenn Sie durch die Unterstützung Ihrer geistigen Führer, unter Zuhilfenahme von Träumen über die Kraft Ihrer Gedanken oder durch Zufälligkeiten eine Vorstellung davon erlangt haben, in welche Richtung oder an welchen Ort es Sie zieht, so gehen Sie konkret auf die Suche. Hierbei ist es egal, ob Sie sich an Makler wenden, selbst inserieren oder mit Ihrem Auto bestimmte Viertel oder Straßen abfahren.

Spüren Sie bei der Suche intensiv ins Innen, wohin es Sie zieht, wo etwas in Ihnen in Schwingung gesetzt wird oder was Sie möglicherweise wie magnetisch anzieht. Rückt nun ein Haus (ein Grundstück) in die engere Wahl, so stellen Sie sich in dessen Nähe und prüfen Sie mit Hilfe des kinesiologischen Armtestes, inwieweit das Haus gut für Sie ist und ob es Sie (und eventuell auch Ihre Familie) auf dem weiteren Weg voranbringt.

Machen Sie womöglich auch Fotos der Häuser, die in die engere Wahl gekommen sind. Zu Hause können Sie dann später mit Hilfe von Armtest oder Pendel erfragen, welches Haus für Sie das optimale ist. Zusätzlich können Sie auch abfragen, welche Struktur, welche Umgebung und welcher Bewuchs auf dem zukünftigen Grundstück auf Sie den besten Einfluß ausüben würde.

*»Als ich Anfang des Jahres nach einer neuen Wohnung Ausschau hielt, besuchte ich zwischendurch ein Seminar bei einem Wohnberater. Gemäß den Ideen, die dort vorgestellt worden waren, entschied ich mich für das ‚Lichtverfahren‘. Hierbei galt es, diejenigen Adressen der in die engere Wahl gekommenen Wohnungen auf jeweils einen Zettel zu schreiben. Alle Zettel legte ich sodann auf dem Tisch aus und stellte auf jeden Zettel eine jadefarbene Kerze. Bevor ich alle gleichzeitig anzündete, versprühte ich im Raum die Bach-Blütenessenz Crap-Apple zum Raum-*

*reinigen. Dann wartete ich ab, was passierte. Ziemlich schnell wurde mir dabei klar, welche von den fünf Wohnungen die richtige sein würde. Hier brannte die Flamme über die gesamte Zeit am hellsten und ruhigsten. Die anderen vier flackerten immer wieder, und eine Kerze erlosch sogar vorzeitig. Heute kann ich sagen, daß die Wahl eindeutig richtig war.«*

Gesetzt den Fall, es fällt Ihnen ungewöhnlich schwer, sich endgültig für eine bestimmte Wohnung zu entscheiden, so sollten Sie sich ruhig Zeit lassen. Denn dies kann auch als Wink des Schicksals an Sie verstanden werden. Überprüfen Sie in Ruhe, welche energetischen Einflüsse auf die mögliche neue Wohnung einwirken und welche feinstofflichen Gegebenheiten dort herrschen; auch, ob die Art der Wohnung als Ganzes überhaupt zu Ihnen oder Ihrer Familie paßt. Diese Schritte sind sehr sinnvoll, um nicht später eine Enttäuschung zu erleben.

Auch kann es vor einer endgültigen Entscheidung ganz hilfreich sein, die eigenen Veränderungswünsche noch einmal zu hinterfragen. Denn oft kommt es im Anschluß an einen Umzug vor, daß die alten Unzufriedenheiten zurückkehren und sich erneut Gedanken einstellen, inwieweit das neue Zuhause nun tatsächlich auch alle Wünsche erfüllt. Nicht selten begibt man sich deshalb bald wieder auf die Suche nach einer neuen Wohnung und flieht dabei womöglich vor sich selbst.

In diesem Zusammenhang möchte ich kurz auf das Phänomen prägender Muster hinweisen. Jeder Mensch wird bestimmt und geleitet durch eine ganz bestimmte seelische Konstellation. Wir glauben vordergründig, in unserem Handeln völlig frei zu sein, und dennoch befinden wir uns in einer Art geistigem Käfig, der unbemerkt unser Leben lenkt. Und ehe wir diese Muster nicht wirklich erkannt und von innen her aufgelöst haben, werden wir im Außen immer wieder auf ähnliche Strukturen treffen. Dies kann in bezug auf Partnerschaften verstanden werden, wenn jemand nach Jahren feststellen muß, daß sich der neue Ehemann immer mehr dem vorherigen angleicht, aber auch auf die Wahl von Wohnungen. Zum Beispiel, wenn jemand in seiner alten Wohnung aufgrund der verwendeten Baustoffe zunehmend unter Allergien gelitten hatte und jetzt in der neuen feststellen muß, wie seine Energien zunehmend schwinden, weil das neue Zuhause womöglich schwerem geopathologischen Streß ausgesetzt ist.

Falls Sie vorhaben, selbst ein Haus zu bauen, so sollten Sie auf dem Baugrundstück nach dem energetisch besten Platz suchen. Denn praktisch jeder Bereich eines Geländes hat einen Ort mit besonders hoher Energie. Um diesen herum sollten Sie Ihr Gebäude errichten lassen. Ein gutes Haus müßte dabei so gebaut sein, daß es sich harmonisch in die Umgebung einfügt und außerdem einen sanften, freien Fluß der Energie erlaubt. Denn zuviel aufgewühlte Energie würde nur zu unnötigen Aggressionen führen. Sorgen Sie deshalb dafür, daß das umliegende Gelände später, nach Ende der Bauphase, möglichst rasch wieder begrünt wird.

Jede Landschaft ist im übrigen bewohnt von geistigen Wesen. Aus diesem Grund sollten Sie, bevor Sie mit dem Bau beginnen, in Form eines kleinen Rituals Kontakt zu den unsichtbaren Wesen aufnehmen und diese von Ihrem Bauvorhaben in Kenntnis setzen. Des weiteren können Sie die Geistwesen bitten, Ihrem Vorhaben wohlgesonnen zu sein und ihnen die Entscheidung überlassen, inwieweit sie an diesem Ort verbleiben oder lieber an einen anderen ziehen wollen. Meiden sollten Sie im übrigen unbedingt Plätze, an denen Menschen begraben oder auch nur verstorben sind. Denn meistens setzt sich die mentale Botschaft verstorbener Lebewesen in negativer feinstofflicher Form in der unmittelbaren Umgebung fest. Gleiches gilt für Wasseradern, die durch Gräberzonen hindurchfließen, die Energien der Verstorbenen aufnehmen, um sie an anderer Stelle wieder abzugeben. Auch von Überlandleitungen sollten Sie einen möglichst großen Abstand halten, um dem schädigenden Einfluß von Elektrosmog zu entgehen.

Wenn Sie ein Haus bauen, so führt das dazu, daß die Energie, die in der Landschaft zu fast hundert Prozent vorhanden gewesen ist, überhaupt nur zu einem geringen Prozentsatz in das Innere des Hauses gelangen kann. Aus diesem Grunde kommt Haustür und Fenstern eine besondere energetische Bedeutung zu. Denn durch diese Öffnungen gelangt frische, unverbrauchte Energie als erstes von außen nach innen. Bauen Sie deshalb insbesondere Ihre Haustür so, daß sie sich nach innen öffnet, um allein schon symbolisch anzudeuten, daß Sie gern frische Energie hereinlassen. Und daß Sie auf Wasseradern oder geopathologische Einflüsse zu achten haben, sollte inzwischen hinlänglich bekannt sein.

## Der vierte Schritt:
## Vorbereitungen auf den Einzug

Jeder, der schon einmal umgezogen ist, weiß, was man im Vorfeld alles zu bedenken und zu erledigen hat. Und dennoch sollten Sie trotz aller Belastung und Aktivität eine Reihe der wesentlichsten Dinge auf gar keinen Fall vergessen. Ein Um- und Einzug stellt im Leben eines Menschen einen ganz entscheidenden Einschnitt dar. Weite Teile des bisherigen Alltages werden sich genauso verändern wie die Art der vorherrschenden Schwingung, die soziale Atmosphäre, der Einfluß der Farben und Formen aus der Umgebung und vieles andere mehr. Sorgen Sie deshalb dafür, daß der neue Ort von Ihnen gesegnet und rituell vorbereitet wird.

Schon einige Zeit vor dem Einzug sollten Sie deshalb an Ihrem zukünftigen Wohnort etwas opfern. Dies kann zum Beispiel darin bestehen, daß Sie etwas Maismehl, Körner und im besonderen Früchte an einer geschützten Stelle oder auf einem Baumstumpf auslegen. Bitten Sie die geistigen Wesenheiten um Unterstützung und Hilfe, und zünden Sie zusätzlich eine Kerze an, um den Ort des Opfers zu markieren. Wenn Sie beabsichtigen, eher gute Energien und Wesenheiten herbeizulocken, so führen Sie die Zeremonie bei zunehmendem Mond durch. Beabsichtigen Sie, Böses oder Negatives zu vertreiben, so wählen Sie die Zeit des abnehmenden Mondes.

Jede Wohnung, die neu bezogen wird, egal ob sich diese in einem Neubau oder in einem schon länger bewohnten Haus befindet, sollte vorab erst einmal von Grund auf energetisch gereinigt werden. Und zwar mit dem Ziel, die Räume zum Beispiel von eventuellen geistigen Besetztheiten, von Mentalmustern der Bauarbeiter oder Vorbewohner, von kranken, gestörten und in den Wänden gespeicherten Energien wie auch vom Einfluß schädigender Baumaterialien zu befreien.

### Übung: Energetische Basis-Reinigung

Besorgen Sie sich einige Tage vor dem Einzug etwa zwei bis drei Kilo möglichst unbehandeltes Meersalz und etwa ein Kilo Reis, bei kleineren Wohnungen etwas weniger, bei größeren etwas mehr. Die Wirkung dieses Verfahrens wäre am stärksten, wenn Sie es bei abnehmendem Mond durchführen würden, da die abnehmenden

Mondenergien die Ausleitung ungewollter Einflüsse verstärken. Durchschreiten Sie nun die Räume, und nehmen Sie dabei Kontakt zu den geistigen Wesen auf. Bitten Sie diese höflich, die Räume zu verlassen. Teilen Sie ihnen mit, daß Sie in Kürze eine Raumreinigung vornehmen werden und daß Sie die Geistwesen nicht beeinträchtigen wollen.

Nehmen Sie nun das Gemisch aus Salz und Reis, und verteilen Sie es überall in Ihrer Wohnung auf dem Fußboden. Hier lassen Sie es mindestens fünf Stunden, besser wäre noch einen Tag lang, liegen. Während das Salz ausgestreut ist, sollten möglichst alle Fenster offen sein, um das Entweichen alter Energien zu erleichtern und frische, unverbrauchte hereinzulassen. Wenn Sie Salz und Reis entfernen, so tun Sie es, indem Sie die Wohnung ganz konzentriert ausfegen.

Im Anschluß an das Ausfegen schließen Sie alle Fenster und zünden ein Räuchergemisch aus nordamerikanischem Salbei, Süßgras und ein wenig Tabak an. Gehen Sie mit Ihrer Räucherschale einige Male durch die gesamte Wohnung, und fächern Sie den gut riechenden Qualm in sämtliche Ecken und Winkel. Die Düfte verteilen sich leicht in der ganzen Wohnung und ziehen selbst ins Mauerwerk und ins Holz ein. Salbei und Süßgras sollen das endgültige energetische Herauslösen feinstofflicher Blockaden und Störungen auch aus tieferen Schichten bewirken. Im Anschluß werden noch einmal kurz die Fenster geöffnet.

Im letzten Schritt wird ein neuer Duft verwendet, und zwar ein Duft, mit dem Sie etwas Positives verbinden. Hierbei können Sie nach spontanem Geruchseindruck oder auch mit Hilfe des Armtestes entscheiden. Geben Sie einige Tropfen des ätherischen Öls Ihrer Wahl in eine oder mehrere Aromalampen, und lassen Sie diesen Duft möglichst zwei bis drei Tage in die Wohnung einziehen, wobei die Fenster geschlossen sein sollten. Zwischendurch sollten Sie immer wieder einmal Ihre Räume ausfegen, da der neue Geruch möglicherweise noch Reste negativer Energien auf den Boden ,abregnen‘ lassen kann. Dann beenden Sie dieses Ritual mit einem kurzen Gebet und bedanken sich für die Unterstützung der ,unsichtbaren Seite‘.

> Dieses Reinigungsritual ist im übrigen nicht nur als Vorbereitung auf einen möglichen Einzug zu verstehen. Empfehlenswert wäre seine Anwendung in verkürzter Form einmal pro Jahr oder auch nach Erkrankungen der Bewohner.

Noch einige Punkte, die das energetische Raumreinigen betreffen, sollten Sie beachten:

Es gibt in jedem Haus und jeder Wohnung positive und negative Punkte. Leider tendieren wir durch die Art zu leben eher dazu, die negativen durch Unrast, Ärger etc. zu stärken, so daß diese immer erdrückender werden. Derartige Störungen können, wie dargestellt, weitestgehend und gezielt bereinigt werden.

Sollte in Ihrer Wohnung viel Holz und Leder verwendet worden sein, so werden Sie die Raumreinigung länger als angegeben durchführen müssen. Denn Holz und Leder speichern sehr stark die feinstofflichen Energien in Form eines unsichtbaren Gedächtnisses. Im übrigen läßt sich bereits am Geruch einer Wohnung feststellen, wie hoch ihr Energieniveau ist und wie stark die Räumlichkeiten energetisch belastet sind.

Sollten in Ihrem Haus viele giftige Substanzen und Holzschutzmittel verwendet worden sein, so können Zimmerpflanzen helfen, die Schadstoffe herauszufiltern. Außerdem stärken sie den Fluß des Ch'i in Ihrer Wohnung und harmonisieren das Gemüt.

Und sollte sich jemand in Ihrer Wohnung oder Ihrem Garten früher einmal umgebracht haben, so suchen Sie mit Hilfe von Wünschelrute und Armtest den Punkt mit der niedrigsten Energie. Depressive und suizidgefährdete Menschen steuern in ihrer Not fast immer derartige Orte an, die ihnen dann zwangsläufig noch mehr Energie abziehen. Legen Sie auf einen derartigen Platz am besten einen großen Stein, oder stellen Sie hier einen Springbrunnen auf.

Den Einzug selbst sollten Sie auf einen Tag legen, dessen Datum Ihnen ein besonders gutes Gefühl verspricht. Ein hinlänglich verbreiteter Brauch besteht darin, Salz und Brot zum Beispiel in gebackener Form symbolisch zu verwenden. Eine andere Möglichkeit wäre, die Zauberkraft von Weiden zu nutzen, um beispielsweise Ihre Familie, Ihr Haus und sich selbst zu schützen. Hierzu sollten Sie sich einige dünne Weidenzweige besorgen und eine Art Altar dafür herrichten. Halten Sie die Weidenzweige über eine

Aromalampe mit Rosmarin- oder Geranienöl, und fertigen Sie dann aus den Zweigen einen Kranz. Schicken Sie alsdann mit Hilfe Ihrer Konzentration einen weißen Strahl von Ihrem Stirnchakra aus in den Kranz hinein, und laden Sie ihn auf diese Weise noch mehr mit heilender, schützender Kraft auf. Dann hängen Sie den Kranz an die Wohnungstür und belassen ihn dort. Um die Kraft dieser Anwendung nie gänzlich abflauen zu lassen, sollten Sie jeden Monat bei Vollmond immer am selben Ort ein weiße Kerze anzünden. Dies erinnert an die guten Energien und Wünsche, die Sie damals mit dem Einzug verbunden hatten, und erfüllt zusätzlich die Atmosphäre der Räume mit positiver Schwingung.

## Der fünfte Schritt:
## Das Energieniveau anheben

Wohnen spielt sich in einem ständigen Austausch zwischen Wohnung und Bewohnern ab. Das heißt, wir beeinflussen dadurch, wie wir die Einrichtung unserer Räume gestalten und mit welcher geistiger Haltung wir ihnen begegnen, unser Umfeld, gleichzeitig werden wir auch durch die gewählten Formen, Farben sowie die sich entwickelnden Schwingungen wiederum beeinflußt. Alles, was wir tun und denken, reichert sich in Wänden, Tapeten, Möbelstücken und Teppichen an und wirkt als unsichtbarer Botschaftsimpuls dauerhaft auf uns ein. Man sagt, daß spätestens nach einem Jahr der Einfluß der Wohnung stärker ist als der Wesenskern der darin lebenden Menschen.

Aus diesem Grund kommt es darauf an, regelmäßig etwas zur positiven Stimulierung, zur Reinigung und Energieanhebung der Wohnung zu tun. Auf diese Weise stellen Sie sicher, daß Sie nicht durch Ihre Wohnung dominiert werden, sondern daß sich ein befruchtender Prozeß zwischen gebautem Raum und Ihnen entwickelt. So verstanden kann die Wohnung nicht nur Spiegelbild Ihrer Seele, sondern gleichzeitig auch stimulierendes Leitbild Ihrer persönlichen Entwicklung sein. Wichtig ist in jedem Fall, daß Sie in Ihrer Wohnung keinerlei Ecken haben, die durch stagnierende oder gar schlechte Energien verunreinigt oder gestört sind.

### Übung: Das geistige Heilen von Räumen

Um energetisch verunreinigte Räume zu heilen, setzen Sie sich am besten mitten in den betroffenen Raum. Reinigen Sie sich mit Hilfe von Düften oder Gebeten, und sorgen Sie dafür, daß Sie gut geerdet sind. Dann entspannen Sie sich mit Hilfe des Ausatmens und Ihrer Konzentration, indem Sie bei jedem Ausatmen Ihren Geist vorn am Körper herab nach unten lenken. Tun Sie das eine Weile, bis Sie allen Alltag um sich herum vergessen haben.

Beginnen Sie nun, mit Hilfe Ihrer geistigen Konzentration positive Wünsche in die gestörten Raumzonen hineinzuschicken. Gestörte Zonen sind u. a. daran erkennbar, daß man sich diese kaum bildlich vor seinem geistigen Auge vorstellen kann. Beginnen Sie als nächstes, mit Hilfe der geistigen Energie so etwas wie einen Schutz für diese Stellen zu ‚installieren'. Das ist möglich, indem Sie diese Stellen mental in goldenes Licht tauchen oder unterhalb der Fußböden sozusagen nach und nach einen unsichtbaren geistigen Schutzschild gegen schädigende unterirdische Energien visualisieren, der sich aufbaut.

Führen Sie diese Schutzbehandlung an mehreren Tagen immer auf ähnliche Weise fort, bis Sie spüren, daß sich sowohl der Geruch Ihrer Räume wie Ihre eigene Lebendigkeit positiv verändern.

Neben der mentalen Beeinflussung gibt es eine Vielzahl von praktischen Möglichkeiten, das Energieniveau Ihrer Räumlichkeiten anzuheben. Hierzu nenne ich Ihnen einige Stichworte:

a) Besorgen Sie sich eine Reihe von Bergkristallen, und laden Sie diese mit Energie auf, indem Sie sie einige Tage an einen guten Platz im Freien legen. Dann plazieren Sie diese an verschiedenen Orten innerhalb der Wohnung.

b) Verwenden Sie die Reiki-Kraft, um mehr harmonische, heilsame Energie in Ihren Räumen zu verwirklichen.

c) Befestigen Sie Fächer oder Flöten an den Wänden, um das Ch'i in den Räumen zu halten oder zu kanalisieren.

d) Stellen Sie besonders dort Blumen oder Gewächse auf, wo Sie negative Schwingungen oder stagnierende Energien wahrnehmen. Auch aggressive Ecken und Kanten können so in ihrem negativen Einfluß gemildert werden.

e) Meditieren Sie in Ihrer Wohnung, und sorgen Sie dafür, daß sich Ihre Aura dabei im ganzen Raum ausbreitet.

f) Hängen Sie stimulierende Bilder, wie beispielsweise Urlaubsfotos auf. Auch gekaufte Poster mit Wasserlandschaften tragen zu gutem Energiefluß in Ihrer Wohnung bei.

g) Nutzen Sie die Kraft der Farben, um mehr Schwung und Lebendigkeit in Ihren Alltag zu bringen.

h) Verwenden Sie Gestecke, die Sie am besten selbst herstellen und mit denen Sie ganz bestimmte geistig-seelische Aspekte verbinden.

i) Vom Feng Shui sind weitere Hilfsmittel wie Spiegel, Stäbe, Windspiele, rote Bänder, kleine Zimmerspringbrunnen und vieles mehr bekannt.

*»Nach unserem Umzug stellte ich bei jedem Blick aus dem Fenster fest, daß in unserer Umgebung rote und schwarze Spitzdächer das Bild der gebauten Umgebung dominierten. Irgendwie erschlug mich dieses Bild. Von einem Bekannten wußte ich, wie wichtig das ausgleichende Element ist. Aus diesem Grunde fing ich an, einen Ausgleich durch flache, runde Formen in den Farben Gelb und Ocker innerhalb meiner Wohnung und auch im Garten vorzunehmen. Zum Beispiel hängte ich einen ovalen Spiegel im Wohnzimmer auf und kaufte einen eisernen Zierbogen für die Rosen. Von ebendiesem Bekannten, der in einer ländlichen Umgebung mit ausgedehnten flachen Feldern lebte, hörte ich, daß dieser hochformatige Elemente, wie hohe Schränke, lange Gardinen, Säulen, aber auch aufgestellte Stämme oder Stangen als Gegenpol dazu in seiner eigenen Wohnung verwendete.«*

Bei allem, was Sie gezielt in Ihrer Wohnung anbringen oder verändern wollen, müssen Sie immer ein Grundprinzip beachten: Entweder Sie wissen aufgrund fundierter Theorien (beispielsweise aus der Geopathologie, Geomantie oder Feng Shui), wo und wie bestimmte Hilfsmittel anzubringen sind, oder aber Sie nutzen Ihr Unterbewußtsein, indem Sie intuitiv erspüren oder Ihre geistigen Helfer befragen, was Sie wo tun sollten. Einfach eine Blume irgendwo hingestellt, Erdstrahlung irgendwie blockiert oder ein Windspiel irgendwo aufgehängt kann im besten Falle vielleicht auch positiv sein, im schlechtesten jedoch auch genau das Gegenteil dessen bewirken, was Sie eigentlich beabsichtigten.

Des weiteren sollten Sie möglichst immer in gutem Kontakt zur Wohnung leben und dafür offen sein, wo sich eventuell energetische Blockaden ergeben.

Auch sollten Sie bemüht sein wahrzunehmen, welche Aspekte in Ihrer Wohnung möglicherweise fehlen könnten. Gut wäre es, wenn für jeden der Bereiche Familie, hilfreiche Beziehungen, Ruhm, Wissen, Arbeit/Karriere, Nährendes, Kinder, Reichtum und Partnerschaft entsprechende Resonanzbeziehungen in Ihrer Wohnung zu finden wären. Und im Hinblick auf Harmonie und Ausgeglichenheit sollte zum Beispiel einer großen und gutausgestatteten Küche immer etwas gegenüberstehen, das mit Verdauung, Bewegung und Sport zu tun hat. Genauso sollten Sie darauf achten, daß Sie nicht nur auf die Ausstattung Ihres Arbeitszimmers mit Computer, Büchern und vielem anderen mehr Wert legen, sondern bei allem Wissenswerten niemals das Spielerische vergessen, etwas, was sich nämlich Ihr ‚inneres Kind‘ wünscht.

*»Vor einiger Zeit wollte ich im Gruppenraum ein Gemälde aufhängen, um noch ein wenig mehr Weite und Leichtigkeit hineinzubringen. Ich bat eine Künstlerin, mir nach meinen Vorstellungen ein Bild anzufertigen. Anscheinend klappte es jedoch weder auf der verbalen noch auf der nonverbalen Ebene zwischen uns. Denn irgendwann brachte sie ein Bild, was nun in keiner Weise meinen Vorstellungen und Angaben entsprach. Ich besprach mit ihr, was ich an sich erwartet hatte, und ging einige Zeit später in ihr Atelier.*

*Hier hingen nun vom Stil her völlig andere Gemälde, die mir auch nicht auf Anhieb gefielen. Deshalb versuchte ich es einmal ganz anders. Ich entspannte mich und stellte mich vor ein Gemälde der engeren Auswahl. Dann bat ich meine Freundin, den unbewußten, seelischen Einfluß der Gemälde auf mich mit Hilfe des Armtests abzufragen. Auf diese Weise kamen wir schließlich auf ein Gemälde, das wir erst gar nicht beachtet hatten, das aber später in der neuen Umgebung sehr gut zur Geltung kam.«*

Gesetzt dem Fall, Sie leben nicht allein in der Wohnung, sondern haben Familie oder auch Publikumsverkehr, so müßten Sie noch einen Schritt weitergehen. Denn dann müßten Sie auch die Einflüsse und Erwartungshaltungen der Mitbewohner und Besucher berücksichtigen. Der neu gekaufte Zimmerspringbrunnen mag zwar zu Ihnen passen, könnte jedoch zum Beispiel die Energien Ihres Mannes ins Ungleichgewicht bringen. Gerade wenn dieser vom Typ her dem Element ‚Feuer‘ zuzuordnen wäre und weil Wasser ja bekanntlich in der Lage ist, Feuer zu löschen.

Schließlich sollten Sie bei allem, was Sie tun, auch sicherstellen, inwieweit die Seele des Hauses mit den Veränderungen, die Sie vornehmen wollen, in eine harmonische Beziehung treten kann. Egal, ob Sie an einer Ecke des Hauses einen Wintergarten anbauen, ein Zimmer neu tapezieren oder irgendwo energetisierende Blumen mit farbigen Bändern aufstellen wollen: Fragen Sie sich und die Energien des Hauses, ob etwas nützlich oder sinnvoll ist und ob es sich positiv für das Haus als lebendiges Wesen und dessen Energieniveau auswirken wird.

*»Vor einiger Zeit hatte ich die Vision vom Bau eines Wintergartens. Hierfür benötigte ich einen Architekten. Ich ging in den folgenden Tagen, ohne dies bewußt zu merken, mehrmals in einen Zustand leichter Entspannung und stellte mir den Wintergarten genau vor. So, als wäre er bereits gebaut. Auch erträumte ich mir, wie wir mit einem ‚guten‘ Architekten die Pläne besprachen. Nachdem ich die Übung beendet hatte, blieb das Bild weiterhin in meiner Vorstellung präsent.*

*Einige Wochen später überschlugen sich die Ereignisse. Mein Mann bekam sowohl eine Gehaltszulage wie kurz darauf auch noch einen größeren Betrag, mit dem ein Verbesserungsvorschlag honoriert wurde. Mit beidem zusammen erreichten wir bereits fast die Summe, die vom Architekten für den Bau des Wintergartens veranschlagt worden war. Mit ein paar Eigenleistungen kamen wir dann sogar genau auf den Betrag und freuen uns inzwischen über die gelungene Verschönerung unseres Hauses.«*

Sollten Sie in allen vorbereitenden Schritten des »geistigen Klärens« ein gutes oder positives Gefühl besessen haben, so können Sie ruhigen Gewissens das verändern oder das kaufen, was Sie wollen. Dabei bräuchten Sie auch gar nicht so sehr auf den Preis zu achten. Denn das, was Sie sich nach einer derart guten Vorarbeit anschaffen, wird mit den Jahren den materiellen Preis um ein Vielfaches übertreffen.

Sollten Sie jedoch im Verlaufe des vorbereitenden Klärens den Eindruck erlangen, daß irgend etwas noch nicht stimmt, dann gehen Sie keinerlei Kompromisse ein. Denn dies würde sich immer negativ auf die Schwingungen der Wohnung und ihrer Bewohner auswirken. Setzen Sie die Suche fort und wenden Sie dabei die Methode an, die Ihnen am vertrautesten erscheint. Dabei sollte die gewählte Vorgehensweise immer so etwas wie den Charakter eines Rituals erlangen. Dies wird Sie mit der Zeit an ein völlig neues Verständnis über sich sowie die weltlichen und auch geistigen Zusammenhänge heranführen. Und bei allem, was Sie tun, sollten Sie folgendes Prinzip beherzigen: Wenn Sie es besonders eilig haben, dann machen Sie einen Umweg.

Zum Schluß noch eine kleine Warnung: Bei allen Methoden, die zur Veränderung der Haus- und Grundstücksenergien beitragen, sollten wir uns bewußt sein, daß wir damit manchmal auch aggressive Kräfte auslösen können. Denn wenn wir standortgebundene Strahlungen, die bisher auf unser Zuhause einwirkten, daran zukünftig hindern, so bleiben diese dennoch aktiv. Nur suchen sie sich jetzt eine andere Richtung. Wir haben zwar möglichen Schaden von uns abgewendet, doch können die aggressiven, schädlichen Kräfte jetzt in der Umgebung weiterwirken. Wir sind zwar freier und weitestgehend unbelastet, jedoch stellt sich die Frage, auf wen die Strahlung jetzt gerichtet ist. Naheliegend ist, daß diese nun zum Beispiel den Nachbarn treffen könnte. So gesehen wäre es dringend notwendig, diesen davon zu informieren, daß wir zum Beispiel bezüglich der Geopathologie etwas verändert haben. Ob er diesen Hinweis jetzt seinerseits aufgreift oder lächelnd abtut, ist dann seine Sache. Letztlich gilt auch hier der Satz, daß unsere eigene Freiheit dort endet, wo wir die Freiheit des anderen beeinträchtigen. Bei allem, was wir tun, sollten wir eben nicht nur die Verantwortung für uns, sondern gleichzeitig die Auswirkungen auf andere sowie auf unseren Planeten dauerhaft übernehmen.

# Die 8 Säulen gesunden Wohnens

**Astrologische Gegebenheiten und Zahlenmystik**
Hier stellt sich die Frage nach dem richtigen Zeitpunkt, z. B., in welchem Alter jemand ein Haus baut oder wann der ideale Tag für den Einzug ist.

**Kontakt zu den geistigen Wesenheiten**
Die Zeitkomponente ist zu beachten, z. B: Wer lebte hier früher einmal? Gab es vielleicht an diesem Ort historische Kultplätze oder Grabstätten? Welche feinstofflichen Elementargeister sind anzutreffen?

**Spirituelle Verbindung zur Landschaft**
Wie wirkt die Umgebung z. B. auf die einzelnen Bewohner? Was hat sie ihnen zu sagen? Fühlt man sich angezogen oder von vornherein abgestoßen?

**Sozial-nachbarschaftliche Umwelteinflüsse**
Der menschliche Einfluß der näheren Umgebung spielt eine elementare Rolle für das Wohlfühlen am eigenen Wohnort.

**Baubiologische Faktoren**
Grundsätzlich sollten nur Baustoffe verwendet werden, die weder die jetzt in den Häusern lebenden Menschen negativ beeinflussen noch späteren Generationen Schaden zufügen können.

**Größe, Form und Farbe der Wohnung**
Die Wohnung sollte so ausgewählt und gestaltet werden, daß sie ihren Bewohnern energetisch wie geistig die Möglichkeit zur Entfaltung bietet.

**Der Ch'i-Faktor: die Energie des Grundstücks**
Ein Gebäude muß immer dort errichtet werden, wo das höchste energetische Potential vorzufinden ist.

**Geologisch-terrestrische Standortbedingungen**
Zonen mit negativer Erdstrahlung und Wasseradern sollten möglichst von vornherein gemieden werden.

# Lexikon
# Begriffe rund ums Wohnen

*Wir bräuchten Haus-Ärzte – Ärzte also,*
*die sich mit dem Heilen von Häusern beschäftigen.*
Prof. Eike Hensch, Lehrbeauftragter für Architektur, Hannover

In diesem Buch treffen Sie auf Begriffe, die Sie möglicherweise hier zum ersten Mal hören. Aus diesem Grund habe ich Ihnen auf den nächsten Seiten ein kleines Lexikon zusammengestellt, das Auskunft über die wichtigsten Themenbereiche im Kontext des magischen Wohnens gibt. Natürlich konnte dieses nicht erschöpfend geschehen. Vielfach mußte gekürzt werden. Jedoch habe ich die Begriffe im folgenden so erklärt und hergeleitet, wie ich sie im Rahmen des Buches verstanden und angewendet wissen möchte. Und sollten Sie beim Lesen der einzelnen Abschnitte noch weitere Anregungen erhalten, Ihre Wohnung positiv zu beeinflussen, so ist dies ein beabsichtigter Effekt.

## Aromatische Düfte

Düfte – ausgelöst in erster Linie durch ätherische Öle – spielten schon in Kulturen lange vor unserer Zeitrechnung eine Rolle. Aus Ägypten weiß man beispielsweise, daß bereits vor mehr als 6000 Jahren Düfte eingesetzt wurden, um heilsame Wirkungen zu erzielen. Ähnliches ist aus dem antiken Griechenland überliefert. Auch im mitteleuropäischen Raum spielten Düfte eine mal mehr, mal wieder weniger große Rolle.

In bezug auf unser Oberthema ist die Bedeutung von Düften leicht herzuleiten. Gerüche, angenehme wie unangenehme, sind ein dauerhafter Bestandteil unseres Lebens. Demjenigen, der sie heutzutage nutzen möchte, stehen beispielsweise einige hundert verschiedene Duftöle zur Verfügung. Die einfachste Weise, den Duft ätherischer Öle zur Wirkung zu bringen, ist die Verwendung in einer Duftlampe.

**118**

Von hier aus verteilt sich der feine Duft über die Luft, bis er von uns mit Hilfe der Nase wahrgenommen wird.

Der Grund, warum die gezielte Verwendung von Duftölen so zu befürworten ist, liegt darin, daß Gerüche ganz tiefe Schichten in jedem Menschen erreichen – hier insbesondere das emotionale Zentrum im Gehirn. Das heißt, daß wir mit Hilfe von Düften vorherrschende Stimmungen und Gefühle beeinflussen wie auch hervorrufen können.

Selbst Erinnerungen sind in vielen Fällen an Gerüche gekoppelt. Nehmen wir nur einmal die Gerüche eines Treppenhauses in einem Mietshaus. Jeder, der so etwas schon einmal erlebt hat, wird sich selbst nach Jahren sofort wieder an den ganz typischen Geruch erinnern. Oder denken wir als anderes Beispiel an den Duft eines Likörs oder Weins, den wir im letzten Urlaub oft getrunken haben. Sofort kehrt mit Hilfe der Dufterinnerung auch die visuelle, gedankliche Erinnerung an den Urlaub zurück.

Duftöle wirken jedoch nicht nur über die körperlichen Sinneswahrnehmungen, sie werden zusätzlich auch in Form von unsichtbaren Schwingungen wahrgenommen. Ähnlich den Farben sendet jeder Duft eine ganz bestimmte Schwingung aus, deren Frequenz unser zentrales Nervensystem in diffizilster Weise wahrnehmen kann. Eine dritte Einwirkmöglichkeit ist der direkte Kontakt, wenn man ein Duftöl oder Parfüm auf die Haut aufträgt.

Jeder von uns reagiert auf Düfte unterschiedlich. Was auf den einen angenehm und stimulierend wirkt, riecht für den anderen vielleicht fade oder abstoßend. Daher lassen sich meiner Meinung nach keine grundlegenden Prinzipien für die Verwendung in Wohnungen aufstellen. Aktuell ist im Moment zu beobachten, daß die Zahl derjenigen Menschen wächst, die sich nicht nur Düfte ins Haus holen, sondern zusätzlich bestrebt sind, diese ganz gezielt auch therapeutisch einzusetzen. Zum Beispiel, indem man im Verlaufe chronischer Beschwerden im Brustkorb bei Bronchitis und Katarrh die Öle der Myrrhe in der Raumluft zerstäubt.

Neben dem Einsatzbereich im Kontext von Krankheiten lassen sich Düfte natürlich auch zur Regulierung ungünstiger Raumenergien einsetzen. Zum Beispiel, wenn man Jasmin verstäubt, um die Schwingungsfrequenz eines Raumes mit dem Ziel zu erhöhen, Niedergeschlagenheit in Ausgeglichenheit und Ruhe zu transformieren.

## Bach-Blüten

Der englische Arzt Edward Bach fand vor etlichen Jahren heraus, daß sich aus einer Reihe wildwachsender Kräuter und Pflanzen energetische Essenzen herstellen lassen, die sich in diversen Bereichen zur Heilung oder Milderung von Beschwerden einsetzen lassen. Bach nahm an, daß das Bewußtsein eines Kranken negativ verändert ist und daß deshalb die Erlangung eines positiven Bewußtseins der entscheidende Faktor in jedem Heilungsprozeß ist. Dies versuchte er zu erreichen, indem er aus der Natur energetische Essenzen gewann, die sich durch ihre hohe Schwingung auszeichneten. Gezielt eingesetzt sind derartige Essenzen in der Lage, das menschliche Schwingungsniveau zu erhöhen.

Bach bestimmte 38 Blütenkonzentrate, die von nun an zu heilkundlichen, aktivierenden Zwecken zum Teil mit überraschenden Erfolgen schon über Jahrzehnte angewendet werden. ‚Agrimony' beispielsweise wird Menschen verabreicht, die versuchen, quälende Gedanken und innere Unruhe hinter einer Fassade von Fröhlichkeit und Sorglosigkeit zu verbergen. In einer Wohnung hingegen sollte ‚Star of Bethlehem' in der Raumluft zerstäubt werden, um allen Bewohnern schnellere Erholung, innere Klarheit und geistige Lebendigkeit zu ermöglichen.

## Biotensor (Energiesensor)

Ähnlich wie Rute und Pendel wird der sogenannte Biotensor bis jetzt hauptsächlich von Radiästhesisten eingesetzt. Hierbei handelt es sich im Grunde genommen um ein ganz einfaches und ohne Probleme selber herstellbares Gerät, mit dessen Hilfe sich unsichtbare Einflüsse erfühlen und entsprechend anzeigen lassen. Der Biotensor setzt sich aus drei Teilen zusammen: aus dem Griff (beispielsweise ein längliches Stück Holz), einem Mittelteil (in der Regel ein 20–35 cm langer Stahldraht mit einer Stärke von 0,3–0,7 mm) und einem Kopf (beispielsweise eine Kugel aus Holz oder ein kleiner Korken).

Richtig angewendet macht der Biotensor allerfeinste Schwingungen sichtbar. Dabei ist es egal, ob die Schwingungen von bestimmten Objekten und Gegenständen wie Pflanzen, Nahrungsmitteln, Getränken, Medikamenten, Häusern oder auch Steinen ausgehen. Auch menschliche Energien und die

Ausdehnung der Aura lassen sich problemlos sichtbar machen. Selbst terrestrischen, geopathischen Streß auf ein Lebewesen versteht er zu verdeutlichen. Denn er zeigt die in einem Prüfobjekt jeweils vorhandene Lebensenergie und die Reaktion des menschlichen Schwingungsfelds auf bestimmte Umstände in seiner eigenen ‚Sprache‘ an.

Zur Handhabung des Biotensors gibt es grundsätzlich nur einige wenige Dinge zu beachten: Gehalten wird er ganz leicht zwischen den Finger- und Daumenkuppen, wobei jegliche Anspannung oder Konzentration auf irgendwelche Impulse oder Ziele zu vermeiden ist. Der ganze Körper sollte sich in einem spannungsfreien Zustand befinden. Des weiteren kommt es dann darauf an, welche Art von Phänomen man untersuchen möchte. Während man den Einfluß von Gegenständen direkt am jeweiligen Untersuchungsobjekt selbst mißt, geht man bei der Untersuchung von geopathischen Störfeldern, egal ob im Freien oder in der Wohnung, so vor, daß man sich an den jeweiligen Ort begibt und hier den Tensor leicht vor sich hält. Nun wartet man auf einen Ausschlag am Gerät. Da dieses etwa 30 Sekunden benötigt, um die gemessenen Schwingungen jeweils sichtbar zu machen, sollte man sich nur sehr langsam vorwärtsbewegen.

Beginnt der Tensor bei einer Standortuntersuchung horizontal hin- und herzuschwingen, so zeigt er eine unterirdische Wasserader, eine Verwerfung oder eine andere, nicht genauer zu benennende Störung vor Ort an. Jede davon ist für den Menschen gefährlich. Sollte der Draht erst senkrecht wippen und dann Linksdrehungen vollziehen, so deutet er ebenfalls auf negative, schädigende und damit zu vermeidende Energien hin. Plätze und Orte ohne geopathische Störung werden dagegen durch völligen Stillstand des Sensorkopfes angezeigt, ausgesprochene Kraftorte durch einen Wechsel von Auf- und Abwippen mit anschließender Rechtsdrehung.

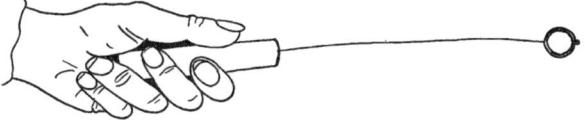

*Biotensor*

# Chakren – unsichtbare Energieräder

Mit dem Begriff »Chakren« werden feinstoffliche Energiezentren bezeichnet. Sie dienen als Empfänger für diejenigen Schwingungen und Informationen, die über den physischen Bereich hinausgehen. Damit sind sie sozusagen diejenigen Sinnesorgane, die uns mit der unsichtbaren Welt verbinden können. Allerdings bedarf es dabei des freien Austausches zwischen den verschiedenen Chakren, der nie blockiert sein sollte.

Bezüglich ihrer Form sind die Chakren vergleichbar mit trichterförmigen Blütenkelchen, die beim Menschen ihren schmalsten Punkt, ihre Entstehung sozusagen, an unterschiedlichen Stellen der Wirbelsäule nehmen. Dabei werden sie aus dem Energiekanal im Inneren der Wirbelsäule gespeist. Die meisten Chakren öffnen ihren Trichter zur Vorderseite eines Menschen hin, wobei man eine Ausdehnung annehmen kann, die bei etwa 10 cm liegt.

In der Regel finden nur die sieben Hauptchakren besondere Beachtung. Dies sind, von unten beginnend, das Wurzel-, Sexual-, Solarplexus-, Herz-, Hals-, Stirn- und Scheitelchakra. Ihre Relevanz zum magischen Wohnen wird sichtbar, wenn man bedenkt, daß jedem Chakra neben den jeweiligen Grundprinzipien auch ganz bestimmte Farben, Mineralien, Elemente oder auch Düfte zugehörig sind.

So steht zum Beispiel das unterste, das Wurzelchakra, mit dem Thema ‚Urvertrauen‘, ‚Stabilität‘ und ‚Durchsetzungskraft‘ in engem Zusammenhang. Seine Farbe ist das Rot, seine Mineralien sind Blutjaspis und Rubin, sein Element die Erde, und als Düfte kommen Zeder und Nelke in Frage. Wollte man nun diese Aspekte in seinem Leben stärken, so wäre eine Betonung dieser Zuordnungen im Wohnungsalltag ratsam.

# Ch'i – die Lebenskraft

Die alten Kulturen und Religionen wußten schon immer, was heute auch die moderne Wissenschaft mehr und mehr erkennt: Alles Leben ist irgendwie durchzogen von einer geheimnisvollen Kraft. Diese wird zwar je nach Sprachgebrauch und Land anders benannt, meint jedoch mehr oder weniger immer dasselbe. Das chinesische ‚Ch'i‘ oder das japanische ‚Ki‘ steht sowohl für Kraft wie auch für Bewegung. Es ist im Grunde genommen nicht real greifbar, und dennoch ist es da. Es existiert für sich selbst und ist dennoch mit uns auf mysteriöse Weise fest verbunden. Es inspiriert und belebt uns, es wird aber auch von uns bewegt.

Eine Möglichkeit, diese Kraft mit einem deutschen Wort auszudrücken, wäre etwa ‚Lebensatem' – etwas, das alles durchdringt und belebt. Etwas, das sich als Energie des Lebens ausdrückt, was gleichzeitig aber auch die Energie des Lebens selbst ist. Hierunter fallen allerdings nicht nur alle belebten Wesen der Schöpfung, sondern auch sogenannte tote Materie, Magmamasse, Steine, Erze, Fabrikerzeugnisse oder auch Wolken gehören dazu. Alles benötigt diesen ‚göttlichen Funken', um zu existieren, sich zu wandeln oder eben, um in Bewegung, in Schwingung zu bleiben.

Wir unterscheiden mehrere Arten von Ch'i. Da wäre einmal eine Art, die die Erde umkreist, eine andere, die die Atmosphäre durchzieht, und eine dritte, die unseren Körper wie auch unsere Wohnungen beseelt. Ohne Ch'i wären wir nur Fleisch und Knochen, unsere Häuser und Wohnungen nur eine gezielte Zusammenstellung diverser Baumaterialien. Ch'i gibt allem einen Ausdruck, ist das nichtbiologische Selbst und steht letzten Endes für ‚Seele'. Es ist also eine Kraft, die das Leben erst in Bewegung bringt und folglich auch für Veränderung sorgt.

Das Magische, Mystische, das Unfaßbare an Ch'i ist, daß es die Dualität zweier Formen in einem verbindet. Es lenkt und es wird gelenkt. Dabei hat Ch'i generell die Eigenschaft, sowohl mit realen Bewegungen als auch mit Bewußtseinsprozessen zu fließen. Das Phänomen des Ch'i besteht somit insbesondere darin, daß es sich jeweils dort hinbewegt, wohin sich unsere Aufmerksamkeit wendet. Dieser Umstand ist gerade für die Gestaltung und Einrichtung gebauter Räume von Bedeutung. Andersherum betrachtet hat Ch'i auch ein eigenständiges Bewußtsein, einen Charakter, was auf den ersten Blick als Widerspruch zum vorherigen Satz verstanden werden könnte. Bedenken wir jedoch die neueren Forschungsergebnisse aus der Atomphysik, daß ein Elektron sowohl Welle wie auch Teilchen sein kann und dabei auf denjenigen reagiert, der es untersucht, so erlangen wir vielleicht eine Ahnung darüber, was damit gemeint ist.

Inzwischen ist der Nachweis gelungen, daß Ch'i etwas mit der Fähigkeit der Zellen zu tun haben muß, Licht zu speichern und auch wieder abzugeben. Mit Hilfe der Biophotonenmessung läßt sich diese Energie als sogenanntes ‚Lebenslicht' heute sichtbar machen. Auf diesem Wege kamen Wissenschaftler dabei zu einer Reihe überraschender Ergebnisse. Sie konnten beispielsweise erkennen, ob Eier, die äußerlich völlig gleich aussahen, von Öko-Hühnern oder aus Legebatterien stammten, obwohl sich die biochemische Zusammensetzung in nichts unterschied. Nur zeigten Freilandeier bei den Messungen eine deutlich höhere Lichtspeicherfähigkeit als die anderen – enthielten also mehr von der Lebenskraft ‚Ch'i'.

Wichtig für Häuser und Wohnräume ist nun der Umstand, daß das Ch'i immer im Fluß sein muß. Gerät es durch irgend etwas ins Stocken, so ginge dies einher mit einer Verringerung an Lebenskraft, Energielosigkeit, mit Krankheit, geistiger Verarmung, letztlich mit Stillstand, Verfall und Tod. Aus diesem Grund sollte unser Augenmerk in erster Linie darauf abzielen, unsere Häuser so zu bauen und Wohnungen so einzurichten, daß die Lebenskraft frei zirkulieren und sich verteilen kann und dabei selbst die hintersten und dunkelsten Ecken erreicht.

## Feng Shui

Der Begriff selbst stammt aus China und bezeichnet damit den Wind und das Wasser; Elemente, die nach traditionellem Verständnis diejenigen Urkräfte darstellen, die über Jahrmillionen das Gesicht der Erde prägten. Vom Grundansatz her möchte Feng Shui sowohl Männer, Frauen wie auch Kinder dabei unterstützen, in Harmonie und Einklang mit sich und der Umgebung zu leben. Bekannt wurde Feng Shui insbesondere als Wissenschaft des Bauens und Wohnens, die das Ziel verfolgt, das ideale Lebensumfeld zu finden oder zu gestalten, um dadurch zu Gesundheit, Wohlstand und Glück beizutragen.

Hierzu befaßt sich Feng Shui mit einer Vielzahl an Gegebenheiten; beispielsweise mit der Ausrichtung eines Hauses, die immer so gewählt sein sollte, daß es die Ansprüche seiner Bewohner auf optimale Weise unterstützt. Oder es greift die Lage wie die Zuordnung der einzelnen Räume innerhalb einer Wohnung auf und ordnet den Richtungen des Hauses bestimmte Bedeutungen zu. Dies gilt auch für die Wahl der Fenster, für die Art der Raumausstattung und auch das Umfeld, wie es bei einem Blick nach draußen aufgefaßt wird. Gemäß allgemeinem fernöstlichen Weltbild beschäftigt sich auch Feng Shui mit der Lebenskraft ‚Ch'i', wie sie geistig und materiell in uns und um uns herum ist. Ausgehend von Naturbeobachtungen und dem Impuls, in ähnlicher Harmonie wie die Schöpfung zu leben, geht es im Feng Shui im wesentlichen darum, die Dynamik und Wirkweise des Ch'i zu verstehen und sie alsdann für sich wie für die Gebäude und Räume, in denen man lebt und arbeitet, zu nutzen.

Ursprünglich ließen sich mehr als 200 Schulen beim Feng Shui unterscheiden, was bei der Ausdehnung von China wie der Größe seiner Bevölkerungszahl auch nicht verwunderlich ist. Heute gelten die sehr intuitiv vorgehende Formen- oder Richtungsschule sowie die Kompaßschule, der das Achteck ,Bagua' zugrunde liegt, als die einflußreichsten. Neben dem Wissen um die Gesetzmäßigkeiten der Kraft Ch'i haben sich über die Jahre hinweg vor dem Hintergrund uralter Traditionen eine Unmenge an Hilfsmitteln und gedanklichen Konstrukten entwickelt, wie sich positive Energie auf den eigenen Wohnraum übertragen läßt. So wird in bestimmten Fällen die Verwendung von Fächern, Spiegeln, roten Tüchern und vielem anderen mehr angeraten. Auch die Umgebung spielt eine Rolle, wobei das Überwiegen bestimmter Elemente durch die bewußte Hinzufügung anderer ausgeglichen werden soll.

Im Gegensatz zu den Prinzipien und Vorgehensweisen beim magischen Wohnen, wo es viel auf intuitives Erspüren sowie die Entwicklung individueller Ideen zur Wohnraumreinigung oder -stimulierung ankommt, bietet Feng Shui eher fertige, feststehende Konzepte an. Diese werden in der Mehrzahl als pragmatisches Dogma behandelt, welches sich auf eine jahrtausendealte Tradition stützt. So gelten scharfe Ecken und Kanten in einem Haus beispielsweise immer als aggressiv und schädigend, sollten Straßen oder Zuwege nie direkt auf ein Haus zuführen, und es wird empfohlen, den Eingang eines Geschäftes immer in denjenigen Sektor eines Hauses zu verlegen, der über die positivste, stärkste Energie verfügt, um an dieser Stelle die energetische Struktur für Gäste und Kunden zu öffnen.

Die Übertragung auf europäische Verhältnisse ist allerdings nicht problemlos möglich. Denn hinter allem steckt ein ganzheitlich und traditionell überliefertes Weltbild. Dieses beschäftigt sich mehr als in unseren Breitengraden mit praktischer Bewußtseinsschulung durch Meditation. Außerdem wird einer sehr bewußten Lebensführung die zentrale Bedeutung zugestanden – einem Lebensaspekt, dem wir Westeuropäer uns nicht so ohne weiteres unterwerfen mögen. Allerdings muß man kritisch anmerken, daß diese ursprünglichen Ansätze auch im modernen Asien immer mehr verlorengehen.

# Geomantie

Ein Begriff, der sich vergleichbar der chinesischen Lehre vom Bauen und Wohnen im deutschsprachigen Raum zunehmend durchsetzt, ist Geomantie. Ähnlich wie sein östlicher Vorläufer läßt sich auch dieser nur schwer einheitlich definieren. Das Wort selbst setzt sich aus ,Geo‘, was soviel heißt wie Erde, und aus ,Mantik‘, wörtlich zu übersetzen mit Schau oder Kunst der Interpretation, zusammen. Spannt man den Bedeutungsbogen sehr weit, so ließe sich von einem breiten Erfahrungsgebiet sprechen, das die körperlichen, geistigen und sozialen Qualitäten eines Ortes zu erfassen sucht. Geomantiker versuchen analog zu den Radiästhesisten erst einmal, die vorherrschenden feinstofflichen Energien bestimmter Orte oder auch Landschaften zu erspüren.

Dann gehen sie jedoch in ihrem Ansatz darüber hinaus, indem sie Störungen der Erde nicht losgelöst, sondern immer als Teil der eigenen Probleme und Blockaden verstehen. Es kommt ihnen darauf an, sich für die unsichtbaren Kräfte und Einflüsse von Landschaft und Natur zu öffnen, um sie in das Bewußtsein zu integrieren. Aus diesem Grund wird insbesondere in der neueren Geomantie versucht, Erdheilung als ein wechselseitiges Geschehen zu betrachten, in dessen Verlauf sich der Mensch und die natürlichen Erdenergien gegenseitig positiv beeinflussen sollten. So betrachtet bestünde das hinter allen körperlichen Bemühungen liegende Ziel darin, unsere Seele mit derjenigen der Erde zu verbinden.

Was auf der einen Seite fast philosophisch abgehoben klingt, beginnt im Praktischen mit dem Erlernen ganz einfacher Übungen. Darin geht es erstrangig darum, sich selbst besser zu spüren. Zu merken, mit welchen Gefühlen wir beispielsweise auf bestimmte Bäume, Steine oder Landschaftsformen reagieren, ist für viele Menschen eine ganz neue Erfahrung. Der praktische Umgang mit Pendel und Rute ist ein weiterer Lernschritt, ebenso wie die Aneignung der grundlegenden geistigen Gesetze, das Studium der Lebensbahnen der Erde, wie auch die Schulung der eigenen Sensitivität.

Zusammengefaßt betrachtet gibt es für den Begriff der Geomantie aktuell kein einheitliches Profil. Neben den erwähnten Grundparametern nimmt im Grunde genommen jeder Geomant eine Menge an zusätzlichem Wissen aus seinem eigenen Fundus mit hinzu, kombiniert dieses mit Geologie, Landschaftskunde und dem Konzept der Radiästhesie und schafft dadurch parallel zu anderen, die dieses auf ähnliche Weise tun, ein neues Forschungsgebiet. Es handelt sich also um einen Begriff, der zwar bereits existiert, sich jedoch noch in der Entwicklung befindet.

## Geopathologie

Geopathologie ist ein Begriff, der sich aus den Wörtern ‚Geo‘, also Erde, und ‚Pathologie‘, etwas, was krankmachende Wirkung besitzt, zusammensetzt. Dahinter verbirgt sich im Grunde genommen ein Verständnis, wie es später noch unter dem Stichwort ‚Radiästhesie‘ beschrieben wird. Neu ist jedoch, daß diese Wortschöpfung eingeführt worden ist, um ein sich etablierendes Berufsfeld damit zu umgrenzen, also das des Geopathologen. Dieser beschäftigt sich mit denjenigen Anteilen an Erkrankungen, die durch standortbedingte Einflüsse erzeugt werden. Dazu gehören eben nicht nur Wasseradern, sondern auch Brüche in der Erdkruste, Erdverwerfungen, Radioaktivität, ausströmende Gase, krankmachende feinstoffliche Gitternetze sowie neuerdings auch der Einfluß von Elektrosmog und Baubiologie. In dem neugeschaffenen Beruf werden Aspekte von Radiästhesie, Technik und Medizin miteinander verknüpft.

## Indianisches Naturbewußtsein

Wer sich heute mit dem Thema bewußten Wohnens zu beschäftigen beginnt, wird um ein Studium der indianischen Philosophie kaum herumkommen. Denn was hier besonders hervorsticht, ist die Betonung der Verbundenheit zwischen Mensch, Natur und ‚Mutter Erde‘. Die traditionellen Indianer lehrten, in Harmonie mit der Erde zu leben und sich als ein Teil von Natur und Kosmos zu empfinden. Es wurde weniger der meditative Weg nach innen verfolgt, sondern Wert auf einen gleichberechtigten Austausch zwischen allen Geschöpfen gelegt.

Alles Denken und Handeln basierte auf einer Tradition, die Lebenspraktisches und Spiritualität eng miteinander verband. Demgemäß war der Rhythmus des Lebens unumstößlich an den der Natur mit ihren Jahreszeiten gebunden. Leben und Bewußtsein wurden dabei als Kreisbahnen ohne Anfang und Ende verstanden. Die Indianer wußten, daß ihre Energien im Fluß, in Bewegung bleiben mußten. Und sie wußten, daß eine künstliche Herauslösung aus dem Kreislauf des Lebens dazu führen würde, das eigene Wachstum zu verlangsamen oder zu beenden.

Der Indianer stand auf, wenn die Sonne aufging, und legte sich schlafen, wenn es dunkel wurde. Er kannte noch nicht die Abhängigkeit von Uhr und Kalender. Er tat Dinge nicht etwa, weil jetzt die Zeit dafür herangerückt war, sondern wenn es sich für ihn richtig anfühlte. Tötete er ein Tier, so tat er das, um zu überleben. Ließ sich der Indianer irgendwo nieder und besiedelte oder kultivierte er hier den Erdboden, so bat er die Erde als seine Mutter um Verzeihung, daß er ihr Schmerzen zufügte. Baute er irgendwo ein Haus oder ein Pueblo, so suchte er lange nach dem richtigen Ort, weihte ihn ein und nahm auch das Bauvorhaben in angemessener Weise vor.

Durch Gebete und Zeremonien treten Indianer noch heute in Kontakt mit dem ‚Großen Geist‘ (dem ‚Schöpfer‘), der Ursprung allen Lebens ist. Man ruft ihn herbei und bittet ihn um Hilfe, wenn sich persönliche, aber auch übergeordnete Probleme ergeben. Geht es beispielsweise um Entscheidungen, so bringt man sich mit Hilfe von Gesängen, Tänzen und anderem mehr in einen tranceartigen Zustand, entzündet seine ‚Heilige Pfeife‘ und setzt sich hin, um auf eine Antwort vom ‚Großen Geist‘ zu warten. Antworten können dabei auf verschiedene Weisen erfolgen: als konkrete Naturbeobachtungen, wie das plötzliche Bemerken eines ganz ungewöhnlich gewachsenen Baumes, das Kreisen eines großen Vogels oder auch als Wahrnehmung bestimmter Gerüche oder Geräusche, als gedanklicher Impuls oder auch als Vision, das heißt als eine Botschaft, die aus den Tiefen der Seele in Form ‚innerer Bilder‘ sozusagen emporsteigt. Voraussetzung für das Empfangen einer Antwort ist jedoch die Bereitschaft, sich für die Botschaft zu öffnen und ihren Gehalt auch anzunehmen.

## Kinesiologische Testung

Der Begriff ‚Kinesiologie‘ setzt sich aus den griechischen Wörtern ‚kìnesis‘ und ‚logia‘ zusammen und läßt sich ganz allgemein mit ‚Bewegungslehre‘ übersetzen. Im engeren Sinne meint er die Untersuchung der Muskeln und deren positive Stimulation. Ausgehend von der Entdeckung, daß sich sämtliche physischen, psychischen und früher erlebten Vorgänge nicht nur im Gehirn, sondern auch im Funktionszustand der Muskulatur widerspiegeln, entwickelte man schon vor vielen Jahren den sogenannten ‚Armtest‘.

Der Armtest ist so etwas wie ein Feedbackinstrument. Er gibt uns, ähnlich dem Pendel, Ja- oder Nein-Antworten. Für den Test sind immer zwei Personen notwendig, wobei wir zwischen einer getesteten Person und einem Helfer unterscheiden. Die Testperson ist diejenige, die etwas über sich erfahren möchte, die andere Person diejenige, die dabei hilft und die Handreichungen ausführt. Der Test kann zwar auf verschiedene Weisen durchgeführt werden, grundlegend ist jedoch in allen Variationen, daß die Kraft eines ausgestreckten Armes geprüft wird.

Praktisch durchgeführt als Orakel wird der Armtest wie folgt: Erst einmal muß das anstehende Problem als Frage formuliert werden, die sich mit »ja« oder »nein« beantworten läßt. Beispielsweise: »Würde es die Schwingung innerhalb der Wohnung verbessern, wenn ich an der Westseite des Hauses ein zusätzliches Fenster einbauen ließe?«

Während der Getestete seinen Arm nun horizontal ausgestreckt hält, stellt der Helfer die bewußte Frage. Dabei drückt er leicht von oben auf den Arm des anderen, um zu spüren, ob dessen Spannkraft nachläßt oder zunimmt. Wird der Arm stärker, so deutet das auf ein »ja« hin. Nachlassende momentane Spannkraft wird hingegen als »nein« interpretiert. Der Test ist leicht durchführbar und gibt, je nachdem ob stark oder schwach getestet wurde, in aller Regel eine eindeutige Antwort.

Zwar gibt es, wie bei den meisten anderen Verfahren auch, noch einige Spezifikationen, doch reicht das hier erwähnte Grundwissen aus, um den Test durchzuführen; insbesondere dann, wenn man, wie beim Pendeln beschrieben, sich leermacht und seiner Intuition als höherer ‚Kraft‘ vertraut. Die Kinesiologie nimmt an, daß der menschliche Organismus selbst am besten »weiß«, was ihm guttut, was ihm hilft, was ihm fehlt oder ihn stört.


## Magie

In früheren Zeiten haftete schon allein dem Wort etwas Mysteriöses an. Das, was sich dahinter zu verbergen schien, löste bis vor kurzem bei vielen Menschen ein gewisses Unbehagen aus. Unbewußt oder auch aus Unkenntnis heraus wurde das Wort ‚Magie‘ lange Zeit mit Prinzipien der sogenannten ‚Schwarzen Magie‘ gleichgesetzt.
Hieraus erklärt sich die über Jahrhunderte vorherrschende Ansicht, Magie sei etwas Unheimliches, etwas Negatives, etwas, vor dem man sich in acht

nehmen muß. Heute übt das Thema ‚Magie' andererseits jedoch auch eine gewisse Faszination aus.

Magisches Wirken läßt sich entgegen der landläufigen Meinung weniger als etwas Übernatürliches begreifen, sondern wendet im Grunde genommen bestehende mathematische, physikalische und geistige Gesetze der Welt nur ganz einfach an. Allerdings legt Magie oder magisches Handeln immer eine ganz bestimmte innere Haltung zugrunde. Das heißt, daß die Intention desjenigen, der bewußt oder unbewußt Magie ausübt, darüber entscheidet, ob es sich um Magie im engeren Sinne handelt. Oder anders ausgedrückt: Die psychische Kraft, die in eine Handlung hineingegeben wird, bestimmt in hohem Maße auch ihre Wirkung.

Der Einfluß möglicher ‚Schwarzer Magie' kann uns nur dann auch tatsächlich erreichen, wenn wir ihn zulassen. Lassen wir schwarzmagische Angst und Diabolisches in uns zu, so erlauben wir diesen Kräften, sich in uns einzunisten und von uns Besitz zu ergreifen. Wehren wir uns statt dessen dagegen, sorgen wir für Reinigung, Selbsterfahrung als psychischen Schutz und engagieren uns mehr für die Aspekte schwingender, lichtvoller Energie, so werden wir mehr und mehr unanfällig gegen den Einfluß der schwarzen Seite – brauchen diesen also nicht mehr zu fürchten.

Der Begriff ‚Weiße Magie' scheint zwar auf den ersten Blick lediglich so etwas zu sein wie die andere Seite der gleichen Münze, nur mit abgeänderten Inhalten, doch würde ein derartiges Verständnis den eigentlichen Kern in keiner Weise angemessen widerspiegeln. Vielmehr ist Weiße Magie als eigenständiger Weg zu verstehen, der dem Herzen dient. Es geht dabei weniger darum, anderen zu schaden, als darum, das eigene bewußte Handeln stets unter das höchste Wohl aller zu stellen. Der Weiße Magier ist bemüht, sein Bewußtsein zu schulen und sein egozentrisches Wesen zu überwinden. Hierzu versucht er, sich und seine Schattenseiten kennenzulernen, um sie zu transformieren. Weißmagisches Handeln kann zum Beispiel darin bestehen, durch Verwendung bestimmter Gesten, Sprüche, Amulette und Steine seine Wohnung oder sich selbst zu schützen; es kann aber auch helfen, den Schutzengel eines Kindes zu rufen oder sich mit Hilfe eines Heilrituals an das sogenannte ‚Lichtnetz der Erde' anzuschließen. Letztliches Ziel hinter allen Bemühungen ist die Veredelung des Charakters, die Entfaltung eines vertieften Bewußtseins, die Überwindung der narzißtischen Selbstliebe sowie das Eintauchen in eine Haltung heilender Hinwendung.

## Mandala

In der Regel bezeichnet man etwas, was von außen her wie ein Kreis umgrenzt ist und im Inneren die unterschiedlichsten Formen und Strukturen besitzt, als Mandala. Im weiteren Sinne ist ein Mandala eine Art Bildnis. Es soll etwas für uns symbolisieren und unsere Aufmerksamkeit hin zu dessen und damit auch unserer Mitte lenken. Weltweit gibt es die unterschiedlichsten Formen von Mandalas. Diese können aus farbigem Glas in Fenster oder als Mosaiken in den Fußboden eingelassen sein. Sie können gezeichnet, aus farbigem Sand geschüttet, mit Steinen ausgelegt oder mit Blumen gesteckt sein. Mandalas können genutzt werden, indem man zum Beispiel auf ihren Linien mit den Augen entlangfährt, die Zwischenräume farbig ausmalt oder sie zu rituellen Zwecken benutzt.

## Mantra

Ein Mantra ist so etwas wie ein heiliges Wort, das ständig wiederholt und dadurch zu einem Endlossatz wird. Dabei kann das Wiederholen gedacht oder auch gesprochen werden. Das Ziel bei der Verwendung von Mantras besteht darin, sich mit Hilfe des Endlossatzes zu zentrieren und seinen Geist zu reinigen. Das im christlichen Umfeld meistverwendete Mantra ist das Wort ‚Amen'.

## Meditation

Meditation dient dazu, innerlich abzuschalten und sich vom Alltag zu lösen. Im oberflächlichsten Sinne liegt das Ziel des Meditierens im Entspannen und Tagträumen, im tiefsten Sinne darin, die Zweiteilung zwischen Körper und Seele zu überwinden und das Selbst zu transzendieren.

Gesetzt den Fall, Sie wollen das energetische Niveau Ihrer Wohnung erspüren, so können Sie das mit Hilfe einer Meditation machen. Hierzu versetzen Sie sich zum Beispiel über langsames Rückwärtszählen bei geschlossenen Augen von 100 bis 1 erst einmal in einen sehr entspannten Zustand. Dann lassen Sie die Räume in Ihrer Phantasie auftauchen und beginnen, die Energie der Räume intuitiv zu erspüren.

## Pendel (Pendeln)

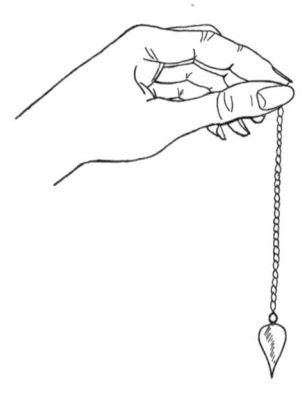

Ein Pendel im hier behandelten Sinne besteht im Grunde genommen aus nichts weiter als aus einem Gewicht, das an einer Schnur oder Kette hängt und zwischen Daumen und Fingern gehalten wird. Will man damit arbeiten, so läßt man die Pendelspitze ähnlich wie beim Lot anfangs ruhig hängen und stellt eine Frage, die einen interessiert. Wollen Sie beispielsweise wissen, ob eine bestimmte Pflanze Ihnen in Ihrer Nähe guttut, so halten Sie das Pendel über die betreffende Pflanze und stellen leise die Frage: »Tut diese Pflanze mir gut?«

Was auf den ersten Blick ganz einfach erscheint, wird auf den zweiten schon etwas komplizierter. Kommt es doch darauf an, sich innerlich völlig leerzumachen, um nicht das Pendel über unser Ego zu beeinträchtigen. Unterschwellige Gedanken sollten völlig ausgeschaltet werden. Um diesen Zustand zu erreichen, bedarf es einiger Übung und Disziplin.

Hat man das innere Leerwerden erst einmal erreicht, so kommt es darauf an, das Pendel zu befragen, in welche Richtung es sich bei Ja- und in welche bei Nein-Antworten bewegt. Wenn Sie an die jeweilige Frage denken und dann regungslos abwarten, wird Ihnen das Pendel zu allem, was Sie wissen wollen, eine Antwort geben; egal, ob es sich dabei um die Auswahl des Bettplatzes, die Farbe der Gardinen, den Ort für die Eingangstür oder die Wahl der Bank zur Aufnahme eines Kredites handelt. Das Pendel ist so etwas wie ein Kommunikationsgerät zwischen bewußtem und unbewußtem Material und kann uns eine Botschaft aus einer höheren Sphäre, die jenseits von Denken und Verstand angesiedelt ist, zukommen lassen.

## Positives Denken

Der Begriff ‚positives Denken‘ steht nicht für die naiv-vertrauensvolle Haltung, es wird schon alles wieder gut werden, sondern kennzeichnet einen feststehenden Begriff, der eine Haltung ausdrückt, die sich auf dem unerschütterlichen Glauben aufbaut, alles, was man erreichen wolle, könne man auch erreichen.

Für das Thema Wohnen oder Bauen spielt das positive Denken zwar keine direkte Rolle, es kann jedoch flankierend von ganz großer Bedeutung sein. Denn es setzt gezielt ein Gegengewicht zu denjenigen Menschen, die einen ausgeprägten Hang zum Negativismus oder zum Schwarzmalen in sich tragen. Betrachten wir nur einmal das Bild eines Menschen, der bisher sehr viele schlechte Lebenserfahrungen gemacht und demzufolge die innere Erwartung entwickelt hat, er finde ja sowieso nie das Richtige, was zu ihm paßt. Begibt sich so jemand nun auf Wohnungssuche, so wird unschwer zu erraten sein, daß dieser wohl kaum einen Haupttreffer landen wird. Denn die verinnerlichte negative Haltung wird ihn auch hier unbemerkt lenken, so daß er vermutlich keine Wohnung finden wird, die seiner Person und seinen Bedürfnissen zu 100 % entspricht oder angemessen ist.

Bekannt wurde das positive Denken durch Autoren wie Dr. Murphy, Carnegie, Silva, Bristol, Biedermann und viele andere mehr. Diese schufen ein Verständnis dafür, daß sich die Wahrscheinlichkeit des Wahr-Werdens vervielfacht, wenn man fest an eine Sache oder Vision glaubt.

Das beschriebene Phänomen läßt sich auf alle Lebensbereiche anwenden. Es gibt inzwischen unendlich viele Erfahrungsberichte von Menschen, bei denen Dinge wahr geworden sind, die sie vorher nie für möglich gehalten hätten; egal, ob es um das Finden von freien Parkplätzen selbst in überfüllten Innenstädten, um das Erlangen von Hilfe in gefährlichen Situationen oder um das Kennenlernen des Traummannes am entlegensten Ort der Welt geht. Oder auch darum, daß manche trotz aller möglichen Grippewellen nie krank werden und wieder andere nur an etwas zu denken brauchen, und schon trifft es ein.

Auf Außenstehende wirken solche Menschen, als hätten diese irgendwie immer das Glück gepachtet. Doch was andere mit Zufall oder Glück abtun, ist für die Vertreter des positiven Denkens etwas ganz anderes.

Es ist ganz einfach die Anwendung und Nutzbarmachung eines weltlichen Gesetzes – nämlich des Gesetzes, daß in dem, was gedacht wird, die bereits erwähnte Kraft steckt. Eine Kraft, deren Mechanismus man zwar wissenschaftlich nicht erklären kann, die jedoch das Vermögen in einem hohen Grad in sich birgt, daß das Gedachte tatsächlich irgendwann einmal zur Realität wird.

Leider, so muß man feststellen, wirkt dieses Phänomen jedoch auch umgekehrt. Beispielsweise, wenn eine Mutter immer wieder seufzt, wie schlimm ihre Kinder sind und daß sie sich in ihrer Wohnung nie wohlfühlen werde, oder wenn ein Firmenleiter äußert, daß immer die anderen die besten Aufträge bekommen, oder ein Wohnungssuchender klagt, er habe sich wieder auf etliche Inserate gemeldet, doch er komme halt immer zu spät. Die Psychologie hat für dieses Phänomen eine Bezeichnung. Man spricht von der ‚sich selbst erfüllenden Prophezeiung'.

Das positive Denken bleibt jedoch nicht bei der bloßen Beschreibung der Gesetzmäßigkeit stehen, sondern gibt Tips und Schritte, wie jeder sich selbst in die Lage versetzen kann, um auf dem Wege seiner Lebens- oder Traumerfüllung voranzukommen. Wenn wir diesen Weg beschreiten, werden wir immer mehr dazu übergehen, uns positive kurz-, mittel- und auch langfristige Ziele zu setzen, und beobachten, wie sich unser Leben zunehmend enger an diesen Zielen ausrichtet. Wir sollten lernen, ganz bewußt mit den Ressourcen unserer Gedanken umzugehen und ganz gezielt dafür zu sorgen, daß wir, soweit es eben geht, positiv denken. Wie fatal wäre es, wenn negative Gedanken zur Realität würden; ganz egal, ob in bezug auf Gesundheit und Karriere oder auf Bau und spätere Ausstrahlung eines Hauses, auf die Zuordnung der Räume oder auch die Stimmung, die sich innerhalb einer Wohnung entwickelt.

### Radiästhesie

Die Radiästhesisten nehmen an, daß wir in einer Art Energieuniversum leben. Das bedeutet, daß alles von Energieströmen durchdrungen ist und alle Körper, wie auch die sogenannte ‚tote Materie', etwas abstrahlen oder abgeben.

In erster Linie beschäftigen sich Radiästhesisten dabei mit physikalischen Phänomenen, wie dem Einfluß unterirdischer Wasseradern, tektonischer Verwerfungen oder anderer geologischer Störzonen, in ihrer Bedeutung für den Menschen. Das heißt, es geht ihnen um die Feststellung objektivierbarer Einflußgrößen, die bestimmten Orten oder auch Gegenständen eindeutig zugeordnet werden können. So gesehen hinterfragen sie erstrangig Auftreten und Einfluß grobstofflicher Symptome und klammern subjektiv erlebte Phänomene, so weit es geht, aus.

In der Mehrzahl werden Pendel, Biotensor oder Wünschelrute zur Sichtbarmachung von unsichtbaren Phänomenen benützt. Mit deren Hilfe wird versucht, das Vorhandensein von Erdstrahlen sowie deren mögliche krankmachende Auswirkungen nachzuweisen. Im Idealfall nehmen sie an, daß geschulte und geprüfte Rutengänger unabhängig voneinander zu gleichen Ergebnissen gelangen, wenn sie bestimmte Orte, ganze Landschaften oder auch Lebensmittel und deren Verträglichkeiten untersuchen. Nun mag nicht jede Interpretation des Ausschlags der Rute objektiv richtig sein, doch zeigt die Reaktion zumindest an, daß es irgendeine Kraft geben muß, die Schwingungen ausstrahlt. Und wenn Schwingung ausgestrahlt wird, so muß es sich um lebendige Substanzen, um Träger von Leben also, handeln.

Um den pathologischen Einfluß von festgestellter Erdstrahlung zu verringern, wird von Radiästhesisten oft erst einmal vorgeschlagen, den Schlaf- oder auch Arbeitsplatz zu überprüfen und gegebenenfalls zu wechseln. In vielen Fällen zeigt ein derartiges Vorgehen bereits erste Erfolge, zumal wir einen überwiegenden Teil unseres Lebens an diesen Orten verbringen und so betrachtet auch über längere Zeiträume einer möglichen negativen Strahlung ausgesetzt sind.

Sollte sich ein derartiger Ortswechsel nicht positiv auswirken, so sind bis heute eine Reihe weiterer und dabei sehr unterschiedlicher Verfahrensweisen bekannt: Empfohlen werden Umlenkung, Abschirmung, Entstörung oder auch Transformation, wobei dann Hilfsmittel wie spezielle Korkmatten, Kupferringe, Bergkristalle oder auch komplizierte Geräte zum Einsatz kommen.

Daß derartige ,Therapien' eine Anzahl Erfolge erbracht haben, ist in vielfältigen Publikationen nachgewiesen worden. Als Einstieg bietet die Radiästhesie eine leicht nachvollziehbare Theorie. Benutzung und Umgang mit Pendel oder Wünschelrute erlauben dabei nicht nur einen besseren Zugang zu denjenigen Einflüssen, die uns umgeben, ohne daß wir diese bemerken. Sie helfen uns auch dabei, ein neues Verständnis für die Welt und alle ihre Abläufe und Wirkmechanismen zu gewinnen. Allerdings besteht bei zu enger Auslegung von Verständnis und Hintergründen derartiger Phänomene die Gefahr, die Prinzipien der materiellen Weltanschauung zu einseitig auf den gesamten geistig-spirituellen Bereich zu übertragen oder auch, sich immer mehr in Details zu verlieren.

# Reiki – universelle Lebensenergie

Ähnlich wie beim Feng Shui handelt es sich bei Reiki um ein östliches Verfahren. Ausgehend vom Wissen der verschiedenen Energieebenen, enthält der Begriff selbst die beiden Teile ‚rei‘ und ‚ki‘. Dabei steht der erste für die kosmisch-göttliche, der zweite für die individuelle Ebene. Ziel von Reiki ist die Förderung menschlicher Reife und die Erweckung der Herzensenergie, verbunden mit zunehmender geistiger Entwicklung. Reiki wird über Einweihungen weitergegeben; d. h. ein Reiki-Meister überträgt auf den Schüler einen Teil der eigenen erhaltenen und der zusätzlich entfalteten Kraftquelle. Die Fähigkeit, Reiki anzuwenden, kann problemlos an einem Wochenende erlernt werden.

Reiki wird sehr oft gleichgesetzt mit ‚Heilen durch die Hände‘. Diese Reduktion benennt zwar einen wesentlichen äußeren Aspekt, indem betont wird, Reiki würde nach dem Auflegen der Hände dorthin fließen, wo es gebraucht würde, doch geht die Haltung am eigentlichen Sinn vorbei. Dieser liegt darin, die in Reiki enthaltenen Möglichkeiten und Techniken dazu zu nutzen, sich selbst wie sein Umfeld zu transformieren und, etwas pauschaler gesagt, die Leiden und Probleme der Welt zu überwinden.

Praktisch gesehen kann das bedeuten, Krankheiten bei sich oder anderen durch Handauflegen zu behandeln, Schwangerschaften mit Reiki zu begleiten, den Grad eigener Sensitivität oder Intuition durch Selbstbehandlungen anzuheben oder auch zur Reinigung und Entstörung von Wohnräumen oder Orten beizutragen. Letzteres läßt sich mit Hilfe des zweiten Grades in einfacher Weise vollziehen.

Über die Wirkweise der Reiki-Energie gibt es unterschiedliche Aussagen. Dies rührt daher, daß wir zwar im Anschluß an Behandlungen oft ganz eindeutige Heilungsprozesse bei den behandelten Personen wie auch an Grundstücken, Häusern und Pflanzen feststellen können, daß sich aber nicht direkt nachvollziehen läßt, was sich auf unsichtbarer energetischer Ebene abgespielt hat.

Ähnliches gilt analog, wenn wir unter Verwendung der Reiki-Kraft eine deutliche Verbesserung der Wohnatmosphäre oder der allgemeinen Schwingungsfrequenz in Häusern verspüren. Vermuten läßt sich lediglich, daß der Reiki-Praktizierende, bedingt durch die Einweihungen und seine fortgesetzte Arbeit an sich selbst, über die Fähigkeit verfügt, sich für die

Aufnahme kosmischer Energie zu öffnen. Das heißt, daß er in der Lage ist, Bewußtseins- und göttliche Energie ineinander zu vereinigen, um sie alsdann über die Hände an sich, an andere, an Pflanzen, an Häuser und vieles mehr abzugeben.

## Wünschelrute

Die Wünschelrute ist das meistverwendete ‚Meßinstrument' der Radiästhesisten. Es gibt vielfältige Formen von Ruten, doch soll hier auf die sicherlich einfachste hingewiesen werden. Man nehme ganz einfach zwei Drähte von etwa 40 cm Länge und biege an jeweils einem Ende einen Winkel hinein, der ein Stück des Drahtes so überstehen läßt, daß es sich mit geschlossener Faust noch gut anfassen läßt.

Will man nun einen Garten, einen Bauplatz oder auch einzelne Räume beispielsweise nach Wasseradern untersuchen, so hält man beide Drähte der Rute so vor sich, daß sie anfangs parallel nach vorn zeigen. Dann stellt man sich mental auf die Frage ein, der man nun nachgehen möchte. Das könnte zum Beispiel wie folgt der Fall sein: »Liebe Rute, zeige mir, wo finden sich hier Wasseradern?«

Nun beginnt man mit der Frage im Kopf die Gegend abzuschreiten und wartet, bis die Rute einen Ausschlag zeigt, indem sie sich beispielsweise überkreuzt. Zusätzlich ließe sich bei einer Wasserader auch noch durch die Rute erfragen, in welche Richtung das Wasser fließt und vieles andere mehr.

Im Grunde läßt sich für einen Menschen mit einiger ‚Rutenerfahrung' eine unbegrenzte Zahl an Fragen und Tests denken. Angefangen damit, wie stark die Ausstrahlung eines bestimmten Menschen ist, über die Prüfung von Wohnraum, Lebensmitteln und Berufszielen bezüglich ihrer energetischen Qualität bis hin zur konkreten Erforschung von psychischen Störungen, Krankheitsursachen und vielem anderen mehr.

## Zaubern – etwas gewollt in Bewegung setzen

Das Thema ‚Zaubern' hat in den letzten Jahren einiges an seiner negativen Besetzung verloren. Heute verstehen wir darunter die Anwendung bestimmter Prinzipien, die sowohl auf naturwissenschaftlicher Logik wie auch auf erfahrungsträchtiger Weisheit aufbauen. Der konkrete Vorgang des

Zauberns selbst besteht aus einer Kombination unterschiedlicher Bereiche und Handlungen. Hierzu gehören sowohl Zeremonien, Beschwörungen und Wunschdenken mit Hilfe der Konzentration wie auch die Verwendung ganz bestimmter Kräuter, Düfte und mehr oder weniger geheimer Zutaten.

Das Wesen des eigentlichen Zauberns liegt nun darin, die unterschiedlichen Bestandteile derart klug und wohlweislich zusammenzuführen, daß sich aus dem Zauber heraus eine Kraft erhebt, die über Raum und Zeit hinweg wirkt und dabei imstande ist, zukünftige Vorgänge so zu beeinflussen und zu lenken, wie es beabsichtigt ist. Zwei Beispiele hierzu aus dem Bereich des Wohnens:

Schutzzauber: *Wenn Sie beabsichtigen, möglichst viele Schutzgeister an Ihr Grundstück zu ‚binden‘, so pflanzen Sie an Orte mit guter Energie Eberesche und Weide. Die Eberesche beherbergt in besonderem Maße Elfen und Engel, während die Weide die Kräfte der Heilung, der Weisheit und des Langmutes anzieht. Suchen Sie beide Bäume später immer wieder einmal auf, und laden Sie die Schutzgeister ein, Sie zu besuchen.*

Geistervertreibung: *Wenn Sie das Gefühl haben, ein ‚böser Geist‘ halte Ihr Haus besetzt, so beginnen Sie zum nächsten Vollmond, mit einem Besen (am besten einem Reisigbesen) die Schwelle Ihres Hauses zu fegen. Dann stampfen Sie mit dem Besen dreimal auf die Schwelle. Nun gehen Sie ins Innere des Hauses und wedeln etliche Male mit dem Besen durch die Luft. Erzeugen Sie einen wahren Wirbelsturm und stellen sich dabei vor, mögliche ‚böse Gestalten‘ zu verprügeln und zu verjagen. Fegen Sie danach den gesamten Boden der Wohnung in Richtung Haus- und gegebenenfalls Hintertür sauber. Und zwar so, als wollten Sie die letzten Reste übriggebliebener negativer Energie hinausbefördern. Dann stoßen Sie nochmals dreimal mit dem Besen auf die Schwelle des Hauses und stellen anschließend Ihren Besen fast wie drohend neben die Eingangstür.*

*Zünden Sie als nächstes eine Kerze vor einem Spiegel in Ihrem Wohnzimmer an, tropfen Sie etwas Duftöl hinein, und fordern Sie alles Böse auf, sich für immer zu entfernen. Wenn die Kerze heruntergebrannt ist, sprechen Sie zum Abschluß dieses Reinigungszaubers einen Segen für die Wohnung und ihre Bewohner.*

Da nun Zaubern oder magisches Beeinflussen nicht einzig und allein von uns selbst abhängt, sondern eingebettet ist in ein untrennbares Ganzes, sollten Sie bei allen Gebeten und Zeremonien um Schutz und Beistand von der ‚anderen Seite' bitten. Zum Beispiel, indem Sie als Einstimmungsformel den Satz verwenden: »Großer Geist, laß es so geschehen, wie es Dir genehm ist.« Oder auch: »Heiliger Gott, laß alles im Sinne einer höheren Ordnung zum Besten aller Beteiligten eintreffen.«

Damit ein Zauber gelingt, bedarf es nicht unbedingt eines mystisch behafteten Kessels. Um Suppen, Getränke, Düfte oder Elixiere herzustellen, reicht beispielsweise auch ein gewöhnlicher Topf aus. Allerdings sollten Sie mit diesem schon etwas Tieferes, Magisches verbinden. Und wenn bei Ihnen beim Gedanken an Zaubereien die Assoziation zu einem Magier mit Zauberstab auftaucht, so seien Sie beruhigt; eine Kerze oder Haselnußrute in der Hand ersetzt den Stab.

# In eigener Sache

Ich hoffe, daß Ihnen das Buch gefallen hat. Sollten Sie nun noch Fragen haben oder mehr zur Thematik und Philosophie des magischen Wohnens wissen wollen, so schlage ich Ihnen vor, sich direkt an mich zu wenden. In meinem Institut für ganzheitliches Bauen und Wohnen werden regelmäßig Kurse und Seminare zu den unterschiedlichsten Themen angeboten. Zum Beispiel werden Sie Angebote für Einsteiger finden zur Heilung gestörter Räume, zur Anwendung von Zeremonien und Symbolen, zu Baubiologie, Elektrosmog, Energetisierung, Farbgestaltung, Wohnpsychologie, Wasseradern oder zu spirituellem Raumreinigen.

Die Kurse finden überwiegend in der Lüneburger Heide im Dreieck zwischen Hamburg, Hannover und Berlin statt. Veranstaltungsort ist das »Zeit-für-Dich Zentrum«, das sich auf einem großen Naturgrundstück befindet, mit Kraftorten, Steinkreisen, Teich und altem Waldbestand. Neben der Thematik des Magischen Wohnens werden hier von mir wie auch externen Referenten Schulungen zu Reiki, Feng Shui, positivem Denken und Geomantik angeboten. Des weiteren bieten wir Yoga- und Meditationswochenenden, Rutengehen, Psychotherapie oder ganz einfach den Bereich Urlaub, Leben und Lernen an.

Bei Interesse wenden Sie sich bitte an folgende Adresse:

*Institut für ganzheitliches Bauen und Wohnen*
Leitung: Eckart Warnecke
Halligdorf 1b
29525 Uelzen
Telefon 05 81/3 89 63 78
Fax/Anrufbeantworter 05 81/7 79 94

# Übersicht der im Buch verwendeten praktischen Übungen

## Die Magie der Farben

## Raumreinigen aus spiritueller Sicht

## Der Ort zum Leben und Wohlfühlen

# Schlagwortverzeichnis

**145**

# P

Pendeln (Pendel)  22, 58, 63,
64, 73, 103, 105, 120, 126,
129, 132, 134, 135
Polarität  20, 50, 51

# R

Radiästhesie  102, 120, 126,
127, 134, 135, 137
Radioaktivität  69, 127
Reiki  26, 27, 33, 39, 54, 58, 62,
72, 96, 98, 100, 112, 136, 140
Reikikraft  112, 136
Reinigung  29, 30, 89, 92, 95,
96, 108, 111, 130, 136
- geistige  27
Religion  20, 122
Resonanz  20, 114
Resonanzbeziehung  24, 49, 114
Resonanzfeld  28
Richtfest  31
Rituale  9, 11, 16, 23, 24, 27, 28,
29, 30, 32, 34, 56, 71, 74, 78,
89, 107, 109, 116
Rosmarin  100, 111

# S

Salz  57, 74, 75, 109, 110
Sauberkeit  91, 92, 93, 97
Schutz  29, 52–55, 69, 74, 78,
79, 112, 130, 139
Schutzschild  71, 73, 112
Schutzsymbol  9

Schwingung  20, 22, 46, 52, 60,
64, 67, 68, 69, 72, 77, 82, 90,
94, 95, 97, 100, 105, 108,
111, 112, 116, 119, 120–123,
129, 135, 136
- energetische  94
- feinstoffliche  82
- negative  22, 52, 112
- positive  46, 111
Seele  10, 14, 15, 17, 21, 31, 35,
50, 60, 64, 65, 67, 68, 80, 89,
94, 97, 103, 111, 115, 123,
126, 128, 131
Selbsterfahrung  79, 130
Selbstverwirklichung  92
Seidenband  104
Spiegel  8, 10, 14, 16, 17, 87,
111, 113, 115, 138
Steine  25, 32, 61, 74, 76–79,
120, 123, 126, 130, 131
Stimulierung, positive  111, 128
Störungen  109, 110, 121, 126,
137
Streß  22, 46, 71, 106, 121
Symbole  11, 18, 28, 34, 38,
48–50, 54, 55–59, 140

# T

Tagtraum  45
Technik  10, 12, 34, 43, 74, 127,
136
Trance  21, 24
Traum (Träume)  21, 48, 86,
104, 105
Traumerfüllung  134

# Literatur

| | |
|---|---|
| Baukhage/Popp | Die Suche nach der Lebensenergie (P.M. 1/97) |
| Brennan, Barbara | Licht-Arbeit (München, 1987) |
| Bristol, Claude | Entdecke Deine mentalen Kräfte (München, 1989) |
| Capra, Fritjof | Wendezeit (Bern, 1985) |
| Dahlke, Rüdiger | Mandalas der Welt (München, 1985) |
| Dennis/Osborn | Psychischer Selbstschutz (Freiburg, 1997) |
| Gallegos, Eligio S. | Indianisches Chakra-Heilen (München, 1991) |
| Gebser, Jean | Ursprung und Gegenwart (München, 1986) |
| Hardie, Titania | Hokus Pokus – Magie für Frauen (Stuttgart, 1998) |
| Hodapp/Rinkenbach | Rituale der Weißen Magie (München, 1997) |
| Hoffmann, E. K. | Energiepflanzen im Haus (München, 1997) |
| Jes T. Y. Lim | Feng Shui und Gesundheit (Sulzberg, 1997) |
| Jordan, Harald | Räume der Kraft schaffen (Freiburg, 1997) |
| Kobbe, Hanspeter | Elektrosmog (Freiburg, 1998) |
| Linn, Denise | Die Magie des Wohnens (München, 1996) |
| Lin Yun/Rossbach | Feng Shui, Farbe und Raumgestaltung (München, 1996) |

| | |
|---|---|
| Mala, Matthias | Weiße Magie (München, 1997) |
| Müller/Günther | Reiki – Heile Dich selbst (München, 1994) |
| Nielsen/Polanskiy | Die Magie des Pendels (München, 1975) |
| Owusu, Heike | Symbole Afrikas (Darmstadt, 1998) |
| Peter, Volker | Feng Shui (Neuhausen, 1997) |
| Ross, Dr. Allen | We are all related (Kyle, 1992) |
| Scheffer, Mechthild | Selbsthilfe durch Bach-Blütentherapie (München, 1981) |
| | Bach-Blütentherapie (München, 1990) |
| Sheldrake, Rupert | Das schöpferische Universum (Berlin, 1993) |
| Silva, JosÈ | Der Silva-Mind Schlüssel (München, 1991) |
| Stangl, Anton | Der Energie-Sensor (Düsseldorf, 1995) |
| Sun Bear | Die Erde liegt in unserer Hand (München, 1990) |
| Thurnell-Read, Jane | Wie Erdstrahlen unser Leben beeinflussen (München, 1997) |
| Warnecke, Eckart | Reiki – Der zweite Grad (München, 1996) |
| Wraneck, Igor | Runen-Welten (Darmstadt, 1997) |

Eckart und Gabriella Warnecke

# Reiki in der Schwangerschaft

kart. Ausgabe, 160 Seiten
ISBN 3-8138-0370-8

Was gibt es Aufregenderes und Schöneres im Leben einer Frau und eines Mannes, als ein Baby zu erwarten? Kaum etwas, was mehr Freude und Glücksgefühl, was aber auch Ängste und Unsicherheiten in uns auslöst, so daß wir oft recht hilflos sind. Reiki, die uralte Methode des Handauflegens, die uns mit der ›universellen Lebensenergie‹ verbindet, bietet werdenden Eltern eine ganz neue Möglichkeit, Krankheiten, Unpäßlichkeiten und Beschwerden sowie auch die Entwicklung des Baby's im Bauch und die Zeit danach positiv zu beeinflussen.

Dieses einzigartige Buch zum Thema Schwangerschaft und Reiki vermittelt einen Überblick, wie man sich mit Hilfe der Reiki-Kraft auf eine Schwangerschaft emotional einstimmen kann, wie man sich und dem Baby während der 9½ Monate immer wieder Heilenergie zuführen und den Verlauf der Geburt erleichtern kann.

Oft beginnen die Komplikationen jedoch erst nach der Geburt. Deshalb gehen beide Autoren, selbst Eltern von vier Kindern, auch auf die Anwendung von Reiki in Bezug auf das Stillen, auf Kinderkrankheiten, Kaiserschnitte, Rückbildung und Kinderlosigkeit sowie die »ganz normalen Beziehungskrisen der Eltern« ein.

*Bücher aus dem Peter-Erd-Programm finden Sie überall im Buchhandel. Fordern Sie das kostenlose Gesamtverzeichnis an bei: Verlag Peter Erd · Gaißacher Straße 18 · 81371 München Telefon (0 89) 7 25 30 04 · Fax (0 89) 7 25 01 41*

Ingrid Kraaz von Rohr / Anne Simons

# Praxisbuch der Selbstentgiftung

- Pilze und Allergien wirksam bekämpfen
- Die eigene Wohnung entgiften
- Die Schadstoffbelastung des Körpers verringern
- Streß und Süchte überwinden

Kartoniert,17 x 21 cm,
160 Seiten
ISBN 3-8138-0475-5

Bücher aus dem Peter-Erd-Programm finden Sie im Buchhandel.
Fordern Sie das kostenlose Gesamtverzeichnis an bei:
Verlag Peter Erd,
Gaißacher Straße 18
81371 München
Tel. (089) 725 30 04
Fax (089) 725 01 41

Die meisten Allergien und Zivilisationskrankheiten sind Folge unserer pausenlosen Vergiftung: Unser Darm wird von destruktiven Pilzen heimgesucht, unser Immunsystem wird geschwächt, die Organe werden von den Giften oft direkt angegriffen. Es ist gar nicht schwer, dagegen etwas zu tun! Folgen Sie den Ratschlägen der beiden bekannten Autorinnen, und Sie werden sich bald wohler fühlen. Sie erhalten Tips, wie Sie Gifte vermeiden, wie Sie sich entgiften können und gesünder leben. Denn: Gesund leben macht Spaß!

# Bran O. Hodapp & Iris Rinkenbach
# Rituale der Weißen Magie

BRAN HODAPP

Rituale
der
Weißen Magie

- **Die Fortsetzung des Bestsellers »Weiße Magie«**

- **Spirituelles Wachstum mit Ritualen**

- **Lebenshilfe für alle Bereiche des Alltags**

ca. 160 S., kartoniert
ISBN 3-8138-0458-5

Bücher aus dem Peter-Erd-Programm finden Sie im Buchhandel.
Fordern Sie das kostenlose Gesamtverzeichnis an bei:
Verlag Peter Erd,
Gaißacher Straße 18
81371 München
Tel. (089) 725 30 04
Fax (089) 725 01 41

Vertrauen Sie Ihren verschütteten ureigensten Kräften, um negative Energien und destruktive Kräfte, die Ihr Leben beeinflussen, erfolgreich abzuwehren! Dieser Ratgeber geht auf die breite Palette der Lebensbereiche ein, in denen diese alte Kunst eine wahre Hilfe darstellt: Ehe und Partnerschaft, Kinder, Beruf, Geld und Finanzen, Krankheit und Psyche.

# Bran O. Hodapp & Iris Rinkenbach

# Weiße Naturmagie

- Entdecken Sie das magische Wissen unserer keltischen und germanischen Vorfahren

- Praktische Anleitung zur Nutzung der verborgenen naturmagischen Kräfte

- Heilung und Schutz durch Anrufung keltischer Götter, magische Feste u. v. m.

Kartoniert, 14 x 20,5 cm
ca. 160 Seiten
ISBN 3-8138-0485-2

Bücher aus dem Peter-Erd-Programm finden Sie im Buchhandel.
Fordern Sie das kostenlose Gesamtverzeichnis an bei:
Verlag Peter Erd
Gaißacher Straße 18
81371 München
Tel. (089) 7 25 30 04
Fax (089) 7 25 01 41

Tauchen Sie ein in die geheimnisumwitterte magische Welt unserer keltischen Vorfahren! Dieses Buch verrät Ihnen die Lage alter, machtvoller Kraftplätze. Sie werden eingewiesen in das Wissen um Erdheilungs- und Wetterrituale und die Herstellung von Kraft- und Heilelixieren. Verschaffen Sie sich Zugang in das Reich Merlins, der Naturgeister und Wesenheiten, die Ihre Helfer werden.